한반도의 미래에 관한
대담한 생각

한반도의 미래에 관한
대담한 생각

이계안

Winner's Secret Library · 위너스북
WINNER'S BOOK

한반도의 미래에 관한 대담한 생각

초판 1쇄 발행 2013년 9월 25일

지은이 | 이계안
발행인 | 홍경숙
발행처 | 위너스북

경영총괄 | 안경찬
주간 | 김형석
기획편집 | 김시경, 노영지

출판등록 | 2008년 5월 2일 제310-2008-20호
주소 | 서울 마포구 합정동 370-9 벤처빌딩 207호
주문전화 | 02-325-8901
팩스 | 02-325-8902

디자인 | 썸앤준
제지사 | 한솔PNS(주)
인쇄 | 영신문화사

값 14,000원

ISBN 978-89-94747-20-0 13340

이 도서의 국립중앙도서관 출판시도서목록(CIP)은 서지정보유통지원시스템 홈페이지(http://seoji.nl.go.kr)와 국가자료공동목록시스템(http://www.nl.go.kr/kolisnet)에서 이용하실 수 있습니다. (CIP제어번호: CIP2013017094)

위기의 한국

대한민국은 지금 위기 상황에 처해 있다. 전쟁위기, 외환위기와 같은 공포 분위기를 조장하려는 의도는 아니다. 말 그대로 위기, 즉 위험과 기회가 동시에 존재하는 변곡점이라는 정도로 이해해주면 좋겠다. 다만 무게중심이 위험 쪽에 좀 더 실린 상태라서 기로岐路라고 하지 않고 위기라고 부르려고 한다.

성장론 차원에서 한국 경제를 들여다보면 우리는 정말로 갈림길에 들어서 있다는 생각을 좀처럼 지울 수 없다. 한 길은 비수렴 함정에 빠져서 추락의 길로 들어서는 것이고, 다른 한 길은 우리 국민의 응축된 에너지가 결집되어 마치 초음속 돌파와도 같은 힘든 난관을 뚫고 한 단계 도약하는 것이다. 우선 우리 경제가 비수렴 함정에 빠져서 추락할 요인은 여러 가지다. 기대 측면에서는 비관론과 패배의식이 확산되어 만연해 있고, 현실적으로도 부동산시장 침체, 가계부채, 청년실업, 베이비부머 은퇴, 각종 양극화 등 산적한 현안이 불리하게 돌아가고 있다. 이 상태가 좀 더 지속될 경우 우리 경제가 일본식 복합불황으로 들어갈 가능성도 배제할 수 없다. 게다가 이런 상태를 되돌리기 위한 아무런 정책적 노력도 보이지 않는다. 다들 문제라고 떠들기만 했지 구체적이고 탄탄한 내용의 정책은 나오지 않는다. 한마디로 문제 인식만 있고 비판만 난무하지, 알맹이 있는 해결 대안은 아무도 내놓지 못하고 있다.

통일이라는 관점에서도 위기 상황이기는 마찬가지다. 이제는 우리도 통일을 본격적으로 생각할 때가 되었다. 단순한 염원을 이야기하는 것이 아니다. 구체적인 통일의 모습, 이를 실현하기 위한 방법과 절차, 그리고 시기에 대한 계획까지 만들어야 한다. 그것에 대한 국민적 컨센서스도 형성해가야 한다. 그러나 지금 우리는 그런 것이 없다. 아직도 체제 대결의 프레임에 갇혀서 무한 대치 상황만을 지속하고 있다. 체제 대결의 구도 속에서 남과 북이 통일되는 방법은 한 가지다. 둘 중의 하나가 무너져야 한다. 다른 말로 하면 자체 붕괴나 전쟁이다. 정말로 일어나기 어려운 상황이고, 일어날 경우 다른 한쪽에 극심한 피해가 발생할 수밖에 없는 상황이다. 또한 한쪽이 붕괴된다고 해서 자동으로 통일이 되는 것도 아니다. 다른 하나가 붕괴된 측을 접수하는 것을 미국이나 중국이 허용해야만 가능한 일인데 그런 보장이 없다. 따라서 현재의 체제 대결은 통일이라는 결론에 도달할 수 없는 답안이다. 그렇다고 해서 대북 관계 접근법의 패러다임 전환이 쉬운 것도 아니다. 김대중 대통령의 햇볕정책을 '묻

지마식 퍼주기'라고 몰아세웠듯이 보수 여론들의 집중적이고 마녀사냥식의 반대로 출구를 찾기도 곤란하다. 이에 따라 새누리당이 집권하고 있는 동안에는 통일에 대해 한 발자국도 진전을 기대하기 어려운 상황이다.

사실 우리의 현재 상태를 있는 그대로 직시하여 진단한다면 경제적으로는 중진국 함정의 궤적으로 들어서고 있고, 통일의 문제는 남북 간 체제 대결 구도와 보수 언론의 이해관계와 맞물리면서 비수렴 함정에 빠져 있다. 그럼에도 불구하고 정치인들은 '좋은 게 좋다'는 식으로 표를 생각해서 국민 비위나 맞추고 있고, 장관들도 소신을 가지고 진정으로 나아가야 할 방향으로 국가를 이끌고 가기는커녕 어느새 정치인 따라 하기에 나서서 이 사람 저 사람 눈치나 보고 있다. 국가의 지도자라는 사람들이 인기에 영합해서 시류에 올라타기만 하고, 선진 한국 또 통일 한국을 위한 초석을 다지는 데는 관심이 없다. 마치 학생이 당장 편한 길을 택해서 공부를 하지 않고 놀기만 하는데 선생님은 항의가 들어올까 무서워서 학생을 바른 길로 지도하지 않고 내버려두는 것과 마찬가지다. 국민들이 지도를 받아야 할 대상이라는 뜻은 절대 아니다. 사회적 분위기를 말하는 것이다. 사회 분위기라는 것은 감정 때문에 휘둘리기도 하고, 정확한 사실을 몰라서 엉뚱한 방향으로 흘러가기도 하기 때문이다.

예를 들어 담배가 인체에 미치는 해악을 아무도 몰랐던 과거에는 담배를 즐기는 것이 하등 문제가 될 것이 없었다. 하지만 지금은 담배의 해악을 모두 안다. 그럼에도 흡연자들은 아직 여러 가지 이유를 대고 담배를 피우려고 한다. 제대로 된 정부라면 아무리 표 떨어지는 소리가 들리고 그 어떤 욕을 먹더라도 담뱃세를 인상해야 한다. 담배 한 갑에 몇 만 원 또는 몇 십만 원쯤 받아버리면 담배를 끊는 사람이 늘어날 것이다. 우리는 담배에 세금을 부과하는 것은 고사하고, 담배 포장지에 폐암 사진을 인쇄하는 것도 이제야 시행에 들어간다. 언론들은 별의별 말을 다한다. 흡연을 줄이기 위한 세금을 '사실상 세금 올리는 것'이라고 비판한다. 담배 피우는 자유도 제한한다는 등 온갖 종류의 반대의 목소리를 낸다. 그럼에도 불구하고 소신 있는 정부라면 담뱃세를 대폭 인상해서 국민들의 금연을 유도해야 한다. 사실 담배가 한 갑에 오만 원으로 오른다면 담배 피울 사람이 몇 명이나 될까. 물론 암시장이 형성되는 것은 감수해야겠지만 흡연자 수는 크게 줄어들 것이 확실하다.

대한민국은 정의로운 국가인가?

우리 사회는 어느새 성장이 세속적 신앙이 되어버렸다. 성장이 무엇이고 또 어떤 것을 우리에게 가져다주는지 따위에는 관심이 없어진 지 오래다. 먹고살 만해진 지금도 좀처럼 성장의 부정적 이면에 대해서는 관심이 없는 성장지상주의자들의 주장이 먹혀들고 있는 것을 보면 지독한 가난에서 벗어나야 한다는 생존 본능이 어느새 우리 사회의 유전자 구조 한구석에 뿌리 깊게 자리 잡아버린 것은 아닌지 걱정스럽다.

성장지상주의의 다른 말은 곧 경제적으로 잘살기만 하는 것을 의미한다. 사회가 사회로 유지되기 위해서 지켜야 하는 최소한의 도덕률은 무능한 낙오자들의 불만 정도로 치부될 뿐이고, 마치 학교 선생님들이 자조적으로 하는 말처럼 요즘 아이들은 '공부만 잘하면 모든 것이 용서된다'는 식이다. 아무런 비판 없이 그렇게 가르치고 그렇게 배우는 사회 속에서 경제적으로 잘살기만 하면 되는 분위기가 만들어지는 것은 어찌 보면 당연한 결과이겠다.

정의로움을 이야기하자면 우리 사회가 기회와 결과를 골고루 나눠가지는 공평한 사회인지에 대한 물음에 먼저 답해야 할 것이다. 혹자는 기회의 평등이면 족하다고 주장한다. 어떤 목적 하에서도 소득 재분배는 정당화될 수 없다는 것이다. 그것이 설령 사회후생 제고라는 정책 목표를 달성하기 위한 것일지라도 결과의 균등은 바람직한 것이 아니라고 한다. 과정의 공정성만 확립된다면 결과로 발생하는 불평등 문제는 그대로 놔둬도 된다는 입장이다.

일견 그럴듯한 논리다. 하지만 이런 논리가 우리 사회의 지배적 관점이 되기 위해서는 몇 가지 필요조건이 갖춰져 있어야 한다. 우선 원래 부존자원이 많고 잘살아서 조금만 노력하면 웬만큼은 살 수 있는 나라여야 한다. 아니면 사회보장 체계가 잘 갖춰져 있어서 경쟁에서 낙오하더라도 촘촘한 사회보장의 그물망에 의해 건져질 수 있어야 한다. 소위 자유주의라는 관점이 구미 사회의 주류가 된 것은 그 나라들이 그만큼 넉넉하게 가지고 있기 때문이다. 아무리 바닥 생활이라 하더라도 열심히 살기만 하면 꿈이 이루어지는 나라들이기 때문이다.

그렇지 아니하다면 자유주의로 사회적 합의가 모아질 리가 없다. 특히 우리나라에서는 사회적 합의가 자유주의의 논리로 모아지기는 어렵다. 온가족이 매달려 일해도 월평균 소득이 100만 원밖에 되지 않는 자영업자에게 기회의 평등이라는 것은 말도 되지 않는 주장일 것이다.[1] 인생의 첫발을 백수로 시작해야 하는 88만 원 세대들에게는 기회 자체가 박탈되었다.

최소한 우리나라에서만큼은 기회의 평등이 중요한 만큼 결과의 평등도 비중 있게 다뤄져야 한다. 기회와 결과, 성장과 복지는 마치 가위와 같은 것이어서 두 개의 날이 함께하지 아니하면 본래의 기능을 할 수 없다. 두 날 중에서 어느 날이 더 크고 예리한 것이냐를 따지는 것은 부질없는 일일 것이다. 그럼에도 불구하고 성장의 결과로 나타나는 불평등의 문제에 정부가 개입을 하지 않고 그대로 방치하자는 것은 자유가 아니라 방임의 논리에 불과하다.

---

1   자영업자 털썩, 〈중앙일보〉, 2013.07.15.

다른 한편으로는 대한민국의 시장이 특정 세력이나 권력에 의해 좌우되지 않고 소비자의 자발적인 의사로 거래가 이루어지는 자유시장free market인지의 문제도 따져봐야 한다. 우리 상장기업 중에서 삼성전자의 순이익이 나머지 기업 전부의 순이익을 합한 것보다 많다. 삼성그룹과 방계그룹까지 합하면 훨씬 더 커진다. 나머지의 상당 부분은 현대자동차그룹과 방계그룹들이 차지한다. LG도, SK도 또 한진도 한몫을 차지한다. 이들을 제외하면 30대 그룹 안에 명함을 내밀 수 있는 기타 민간기업은 없다.

우리나라의 경제구조 자체가 몇 개의 그룹으로 치우쳐 있다. 힘의 균형이 무너진 경제구조다. 한발 더 나아가 경제 권력이 정치 권력이나 국가 권력을 뛰어넘는 상황도 빈번히 발생하고 있다. 아무도 몇몇 성씨로만 구성된 오너 집단에 대한 견제 세력이 될 수 없다. 그들은 벌어들이는 돈으로 정치인과 전직 고위관료, 그리고 가장 유능한 변호사를 고용한다. 광고를 무기로 언론의 입도 틀어막는다. 그렇게 해서 훨씬 더 자유롭게 아무런 방해 없이 그들만의 시장을 만들고, 더 많은 돈을 벌어들이는 순환구조를 만들고 있다. 민초들은 하루 벌이 삶을 살아가고 있는데 그들의 부는 나날이 더욱 공고해진다.

이런 기형적인 구조를 가진 나라를 정의로운 나라라고 할 수는 없다. 국가의 모든 자원이 소수의 그룹에 그리고 몇몇 재벌기업에 집중되어 있고, 그에 속하지 못하는 나머지 사람들은 변변한 기회한 번 갖지 못한 채 방치되고 마는 사회를 정의로운 사회라고 부를수 있을까. 우리 국민은 거대한 개미지옥에 빠져들고 있다. 사교육, 청년실업, 내집 마련, 노후 불안의 개미지옥이 국민의 삶을 핍박하고 있다. 저소득층이나 서민만 고통을 받는 것이 아니다. 중산층도 고통받기는 마찬가지다. 이제는 중산층도 점점 줄어들고 서민층으로 또 한계계층으로 추락하는 지경에 이르렀다.

옛말에 소부재근小富在勤 대부재천大富在天이라고 했다. 큰 부자가 되는 것은 하늘에 달려 있지만, 작은 부자는 근면하면 이룰 수 있다는 말이다. 과연 그런가. 한계계층에게도 통하는 말일까. 월 100만 원도 못 버는 자영업자들에게 소부가 과연 재근이라고 생각하는지 물어봐야 한다. 또 개미지옥에서 허덕이는 서민층, 중산층에게도 물어봐야 한다. 정말 그렇게 생각하는지.

지금 우리나라는 결과의 양극화가 기회의 양극화를 초래하는 악순환의 상태에 빠져 있다. 소득이 적다 보니 생활비 쓰기에도 모자라고, 그래서 저축이 안 되고, 저축이 안 되니 소득 증대를 위한 투자가 불가능해진다. 또한 하루 벌어 하루 사는 생활에 자녀 교육 투자는 언감생심 상상할 수도 없다. 교육에 투자를 못하니 자녀 세대에서도 인생역전의 기회를 기대하기 어렵다. 이것이 바로 기회의 양극화이고 빈곤 함정poverty trap이다. 그런데도 결과의 양극화만 중요하다고 할 수는 없다.

선택과 의지

아무도 옳은 길을 제시하지 않는 정치, 아무도 책임 있는 정책을 펼치지 않는 정부 하에서 우리나라가 올바른 방향으로 나아가기를 기대하는 것은 무리다. 그냥 놔두면 당장의 단물에 취해 내일의 먹거리를 찾는 일을 게을리하게 된다. 위기는 그 자체로 위기가 아니다. 해결해야 할 문제에 불과한 것이다. 오히려 사람들이 힘을 합하여 문제를 해결할 생각은 하지 않고, 제 살길을 찾아 뿔뿔이 흩어져 버리면 그것이 바로 위기다.

우리 경제가 또 남북 관계가 비수렴 함정으로 추락할 요인을 꼽자고 한다면 수십 가지도 넘을 것이다. 현재 상태에서 물 흘러가는 대로 그냥 놔두면 추락의 길로 갈 가능성도 90%쯤은 된다. 반대로 선진국으로 도약하는 것은 너무나도 지난한 길이고, 가능성도 적어 보인다. 그러나 비관할 필요는 없다. 우리에게는 '선택과 의지'가 있다. 물 흘러가는 대로 놔두는 것이 아니라 도랑을 파서 물길을 내면서 우리가 가고자 하는 곳을 선택하고 또 그것을 실현할 의지가 있다. 방향을 선택하고, 그 방향으로 물꼬를 바꿀 의지가 있는 한 우리에게 기회는 있다. 지금 우리가 선택하는 길이 십년, 아니 백년 후 우리의 모습을 바꾸게 될 것이다.

이 책은 크게 2개의 부로 구성되어 있다. 첫 번째 부에서는 한반도 공생발전 문제를 다룰 것이다. 남과 북이 공생하면서 발전하는 방법을 모색하고, 또한 한반도가 단일시장을 만들어서 경제적인 성취도 얻을 수 있는 실질적인 문제에 대해 고민해보겠다. 먼저 통일정책 측면에서 남과 북이 처한 상황과 한반도를 둘러싼 동북아 열강들의 이해관계에 대해 조망해볼 것이다. 그리고 MB 정부 5년간 남북 관계가 교착상태로 빠져든 이유가 무엇인지를 따져보고, 박근혜 정부 하에서의 남북 관계도 전망해볼 것이다. 이와 같은 다양한 스펙트럼의 이슈들을 따져보고 결과적으로 남북 관계에서 우리가 취해야 할 스탠스를 제시할 것이다. 또한 바람직한 남북 관계 모델을 제시하고, 이의 정립을 위한 해법도 살펴볼 것이다. 향후 우리나라의 대북 정책과 이와 관련하여 우리가 취해야 할 대동북아 외교 전략의 방향성도 제시해보겠다.

경제적인 측면에서 남북한 공동의 경제발전 전략의 일환으로 한반도 단일시장에 대한 구상도 밝히도록 하겠다. 지금 우리 경제가 처해 있는 가장 어려운 문제는 저출산, 고령화 현상, 즉 인구구조가 늙어가고 있다는 점이다. 대체로 2016년경이면 생산 가능 인구가 정점을 찍고 하강하는 모습을 보이기 시작할 것으로 추계되고 있다. 이와 함께 고령화가 진전되어 세계에서 가장 빠른 속도로 초고령사회에 진입하게 될 것이다. 우리 경제에 가장 기본적인 인구구조 문제를 해결하지 못할 경우 우리나라는 선진국 진입을 목전에 둔 상태에서 경제가 뒷걸음질 치는 어려움을 겪고 넘어가야 할지도 모른다. 일본은 베이비붐 세대의 퇴장으로 인하여 이미 잃어버린 20년을 보냈다. 이 문제를 해결해보려고 아베 총리는 아베노믹스를 들고 나왔다. 양적 완화 등 가능한 모든 수단을 총동원하고 있으나 성공 여부는 불투명하다. 우리나라는 일본과 여건이 다르다. 아무런 해결책이 없었던 일본과는 달리 우리에게는 해결방법이 있다. 바로 북한이라는 사용하지 않은 희망의 카드가 남아 있고, 좀 더 상상력을 발휘하면 간도라는 카드도 있다. 이들이 우리에게는 커다란 자산이다. 이외에도 무수히 많은 기회가 널려 있다. 마치 시장에서 쇼핑하듯이 장바구니에 주워 담기만 하면 될 정도다. 이와 같은 정책 대안들을 잘 활용할 경우 우리 경제는 잃어버린 20년을 보내지 않고 선진 경제로 도약할 수 있을 것이다.

두 번째 부에서는 한국 경제의 균형발전에 대해서 이야기하겠다. 이 책은 전작 《누가 칼레의 시민이 될 것인가》의 후속편적인 성격을 가지고 있다. 전작에서 가졌던 문제의식이 이 책에 고스란히 녹아 있다. 다만 전작에서는 개미지옥의 문제를 제기하는 데 그쳤던 반면 이 책은 그에 대한 해답을 제시하는 데 주력하고 있다. 고령화, 청년 일자리, 새로운 성장동력과 사업기회 제공, 내수시장 확장, 경쟁력을 잃어가는 산업의 재생과 같은 문제들에 대한 해법이라는 관점에서 남북 간 경제협력을 바라본다. 또한 대기업 경제력 집중 문제, 내수와 영세 상인의 문제 등 한국 경제의 기형적 경제구조 재편과 '착한 성장'의 달성을 위한 과제들을 다루고 있다. 결국 발전이라는 것도 그 과실을 고루 나눌 수 있을 때 비로소 의미를 갖는다. 발전의 이익을 소수의 기득권층에서만 향유하게 된다면 99%의 들러리에게 발전이라는 것이 의미를 갖기는 어렵다. 이와 같은 전작의 문제의식에 대한 총체적인 해법이 이 책에 담겨 있다.

필자는 전작에서 제기된 문제의식의 많은 부분을 이 책에 담아내려고 노력했다. 그러나 여기에서 제시한 해법이 전부는 아닐 것이다. 무수히 많은 문제를 단 몇 개의 해법만으로 해결한다고 하는 것은 어불성설이다. 이 책에서 다루지 못한 부분은 다음 책에서 다시 다룰 것을 약속한다.

우리는 지금 한 시대를 마무리하고 있다. 정치적으로는 해방과 6·25 동란 이후의 분단 시대이고, 경제적으로는 개발경제의 시대이다. 사회적으로는 인구보너스의 시대이다. 이제 새롭게 전개될 세상에 대한 그림은 그리 밝지만은 않다.

우선 저출산 고령화로 늙어가는 대한민국이 될 것이다. 곳곳에 한계부락[2]이 생겨나고, 아기 울음소리가 가져오는 사회 활력은 기대하기 어려워질 것이다. 경제적으로는 고령화 부담뿐만 아니라 성장동력의 부재로 경제가 뒷걸음치는 디플레이션의 세상이 올 것이다. 일본은 이미 20년 동안 디플레이션이 진행되고 있고 앞으로도

---

2 일본에서 나온 개념으로 고령화율 50%를 넘어가는 마을을 의미한다.

10년 이상 더 그런 시간을 보내야 할 전망이다. 우리나라도 이제 그런 세상으로 진입할 가능성이 높아진다는 우울한 전망이다. 북한과의 통일에 관한 문제는 틀림없이 가장 중요한 이슈로 부상하게 될 것이다. 북한이 핵개발에 나선 것은 역설적으로 지난 수십 년간의 남북 간 체제 경쟁에 종지부가 찍혔음을 의미한다. 체제 경쟁으로 이길 수 없다고 판단한 북한이 비대칭 화력을 보유하고 싶어하는 것이기 때문이다. 체제 경쟁이 마무리되면 다음은 어떤 형태든 공생의 방안을 찾아야 한다.

어찌되었건 지난 시대는 존재했다. 나쁜 것이었어도 우리가 살아온 시대이고, 좋은 것이라도 마찬가지다. 그 존재 자체를 부인할 수는 없다. 그러나 우리가 다음 시대로 넘어가기 위해서는 지난 시대의 유산들을 정리해야 한다. 고장 난 것은 고치고, 부족한 것은 새롭게 덧붙여야 한다. 그렇게 살 만한 나라를 만들어서 다음 세대에게 넘겨주는 것이 지난 시대를 살아온 우리 기성세대들의 의무다.

한반도의 미래를 결정하는 데 있어서 가장 많은 지분(이해관계)을 가진 사람은 지금 태어나는 아이들일 것이다. 그들이 살아갈 날이 제일 많이 남았기 때문이다. 기성세대들은 지분이 가장 적다. 그러나 지분이 가장 적은 기성세대가 의사결정권은 제일 많이 가지고 있다. 커다란 아이러니지만, 그것이 엄연한 현실이다. 그렇다면 우리 기성세대들이 올바른 선택을 내려야 한다. 지금 우리가 내린 결정으로 우리는 불과 30년만 살면 되지만 지금 태어난 아이들은 90년을 살아야 한다. 또 앞으로 태어날 아이들도 있다. 그들을 위해서 우리는 익숙하지만 조금씩 뒷걸음질 치는 결정을 내려서는 안 된다. 덜 익숙하더라도 새로운 발전으로 우리를 이끌어줄 모험적인 선택을 해야 한다.

우리가 아닌 우리 아이들의 미래를 위해서.

2013. 9.
이계안

차례

1부

한반도
공생발전론

1장

비수렴 한반도

다시 멀어진 남과 북

통일에 관한 한 '진보는 종북'이고 '보수는 사대'다.

통일에 대해 이야기하려고 하면 항상 가슴이 먹먹해온다. 뭔가 이야기는 해야겠는데 딱히 뭐라고 말할 수도 없는, 마치 막다른 골목에 다다른 기분이다. 남한과 북한이 서로 간극을 좁힐 수 없는 상태인 점도 그렇고, 설령 간극을 좁힌다고 하더라도 주변 열강들이 반대하면 우리 뜻대로 통일을 할 수 없는 현실도 답답하기는 마찬가지다.

더구나 지금은 작고하신 정주영 명예회장이 소떼 방북으로 한 발자국 좁혀놓은 남과 북의 간극을 이명박 정부 5년 동안 네오콘

Neo-Conservatives들이 다시 원래 상태로 되돌려놓았다. 네오콘들은 어쩌면 보수 중의 보수라고 할 수 있는 고故 박정희 대통령보다 더 꽉 막혀 있다고 봐야 한다. 박정희 대통령은 북한과 체제 경쟁을 하는 와중에도 꾸준히 화해 모드를 조성하려는 노력을 지속했다. 이후락 중앙정보부장을 평양으로 보내 그 유명한 1972년의 7·4 남북공동성명을 이끌어냈다. 나중에 정치적으로 변질되어 상당히 무력화된 측면이 있지만, 자주·평화·민족대단결의 3대 원칙을 공식 천명한 7·4 공동성명은 아직까지도 통일 논의의 기본 골격으로 취급될 정도로 의미 깊은 것이었다. 특히 1·21 사태로 인해 남북 관계가 극도로 경색되어 있던 상황에서도 관계 개선을 위한 방법을 모색했다는 측면에서 7·4 공동성명의 의미를 평가할 수 있다. 그러나 네오콘들은 체제 붕괴를 유도하겠다는 생각으로 북한을 압박했다. 그러는 동안 남북 관계는 1972년 7·4 공동성명, 1998년 정주영 회장의 소떼 방북, 2000년 제1차 남북정상회담과 6·15 공동선언, 2007년 남북정상회담과 10·4 선언으로 맥을 이어온 남과 북의 평화통일 노력을 불과 5년 만에 수포로 만들어버렸다.

이제 통일에 관한 논의는 원점으로 돌아갔다. 그것은 비단 남과 북 간의 벌어질 대로 벌어진 관계만이 아니다. 국민들의 대북 유화 정책에 대한 인식도 원점이 되었다. 북한은 괴뢰집단이라서 서로 대화를 할 수 없다는 인식을 깨는 데만 반세기가 걸렸다. 한 발짝 가까워지는 데 걸린 시간이 무려 50년이다. 7·4 공동선언과 소떼 방

한반도의 미래에 관한 대담한 생각

북, 6·15 공동선언의 피땀 어린 노력의 성과였다. 그러나 지난 5년 동안 대북 유화 정책은 '퍼주기'로 규정지어졌다.

독일도 통일 이전에 동독에 대해 퍼주긴 마찬가지였다. 서독은 빌리 브란트(Willy Brandt, 사회민주당, 1969~1974) 수상이 할슈타인 원칙[3]을 포기하고 '접근을 통한 변화' 원칙에 입각하여 동방東方 정책을 펼쳤다. 이후 헬무트 슈미트(Helmut Schmidt, 사회민주당, 1974~1982)를 거쳐 헬무트 콜(Helmut Kohl, 기독교민주연합, 1982~1990)로 이어지는 정권 변화에도 불구하고 독일은 통일이라는 목표를 일관되게 유지했다. 통일을 위한 정책에 대해서는 정쟁의 수단으로 삼지 않고 정권을 넘어가며 지속했었다. 독일은 우리보다 훨씬 더 많이, 훨씬 더 무조건적으로 퍼줬다. 그러나 서독에서는 그 누구도 '퍼주기'로 매도하지 않았다. 언론은 물론이고 여야를 막론한 정치권 그 어디에서도 '퍼주기'라는 말은 나오지 않았다. 동독을 자본주의로 끌고 나오려는 노력에는 누구도 토를 달지 않았던 것이다.

우리 보수 집단들, 소위 네오콘이라고 하는 집단들은 그것을 '퍼주기'라고 비난하고 나섰다. 자신들의 집권을 위해 여론을 그렇게 만들어간 것이다. 하지만 10년 동안 몇 억 달러 준 것뿐이다. 동해안

---

3 1955년 소련과 국교를 수립한 이후의 서독 외교 정책의 기본원칙이다. 당시 외무장관 할슈타인이 작성하여 할슈타인원칙(Hallstein Doctrine)이라고 부른다. 할슈타인원칙은 독일의 유일한 합법 정부는 서독이며 따라서 서독은 동독을 승인하는 나라와는 외교 관계를 수립하지 않는다는 반공 외교 정책이다. 전승국인 소련만은 이 원칙에서 예외로 한다.

과 개성의 군사분계선을 수십 킬로미터 뒤로 물린 대가로 치면 얼마 되지도 않는 돈이다. 북한 군대를 개성 외곽으로 밀어올림으로써 그만큼 수도 서울을 안전하게 만든 것이고 동해안지역의 안보를 튼튼하게 한 것이었다. 그런 군사적인 의미에 더해서 더 중요한 것은 북한에 '자유시장'을 전파하고 북한 주민에게 '자본주의'를 학습시키는 수단이었다는 점이다. 장사로 치자면 금강산과 개성을 겨우 몇 억 달러에 사들인 것이나 마찬가지니 한편으로는 이익을 취하는 장사였고, 다른 한편으로는 북한을 자유시장 경제체제로 유도하는 효과적인 수단으로도 활용하는 결과가 되었다.

물론 북한이 핵을 개발하고 있다는 것은 심각한 문제다. 이것은 '퍼주기' 논란 정도의 문제가 아니다. 해결해야 할 문제임은 틀림없다. 북한이 핵개발을 중단하지 않는 한 우리의 마음이 편하지 못한 것은 사실이다. 그럼에도 불구하고 핵개발에 대한 대응과는 별개로 북한의 자본주의화는 지속했어야만 하는 일이다. 북한이 핵개발을 시작한 것은 잘 알려진 대로 김영삼 정부 때의 일이었다. 한·미·일 3국은 이미 1994년에 북한의 핵개발을 막기 위해 KEDO(Korean Peninsula Energy Development Organization, 한반도에너지개발기구)를 설립했고, 중수로를 포기하는 대가로 경수로를 지어주기로 했었다. 북한은 어떤 경우에도 핵을 개발할 것이었다. 체제 안전, 즉 목숨을 담보로 하는 것이기 때문에 핵개발을 포기하지 않았을 것이다. 그렇다고 북한의 핵개발을 지지하는 입장은 아니다. 북핵은 인정해줄 수도 없고, 조금이라도 있다면 제거해야 마땅하다. 하지만 핵의 존재가 북한의 자본주의화를 철회할 명분이나 이유가 되지는 못한다. 오히려 북한의 자본주의화를 더욱 더 가속시켜야 마땅하다.

어느 순간부터 통일은 명제가 아니라 가능성이 되어버렸다. 분단 상태로 환갑의 나이가 지났다. 분단된 이후에 태어난 세대들만 남게 되는 순간도 머지않다. 분단 이후 세대들은 통일을 명제로까지 여기지는 않는다. 북한과의 통일은 경제적 어려움을 가져올 것이라고 생각한다. 자유왕래나 할 수 있는 정도면 만족이다. 그저 지금처럼 서로 싸우지나 않고 지낸들 문제가 될 것은 또 무엇인가.

이런 상태가 지속되면 분단은 우리 국민의 인식 속에서 고착화된다. 하루라도 빨리 교류를 하고 동질성을 회복하지 않으면 통일은 꿈속에서 들려오는 자장가처럼 아득한 일이 될 것이다.

진보는 외세의 힘이 개입되지 않는 주체적인 통일을 이야기한다. 물론 외교 전략도 유사한 측면이 있다. 북한이 핵개발을 지속하고 있음에도 불구하고 그것에 대해서는 이렇다 할 입장표명도 또 조치도 없이 남북 경제협력만을 주장한다. 경제협력을 통해 북한을 자본주의의 세계로 이끌어낸다는 생각이다. 그러면 결국 북한도 자본주의 체제로 흡수될 것이고 남북이 자연스러운 통일 시대를 맞이하게 될 것이라는 순진한 생각이다. 북한의 핵개발 지속이라는 사실에 대해서는 애써 외면한다. 북한이 핵무기를 갖고 나면 남한의 체제

존립에 얼마나 위협이 되는지에 대해서는 일언반구 말 한 마디 없이 '햇볕정책' 하나만을 교조적으로 맹종하고 있다. 북한의 핵실험과 대륙간 탄도탄 실험 강행으로 DJ 집권 당시와 지금의 현실이 얼마나 달라졌는지는 아무도 말하지 않는다. 어떤 측면에서는 북한의 주체사상을 그대로 베껴서 이야기하는 것 아닌가 하는 섬뜩한 생각마저 든다. 단어의 뜻이 사용할 때마다 또 사용하는 사람마다 다를 수는 없으니 '주체'나 '주체사상'이나 유사한 느낌이 드는 것은 어쩔수 없는 것이라고 이해하고 넘어갈 수도 있겠다. 북한에서 '주체사상'이라는 단어를 사용한다고 남한에서 '주체'라는 단어를 사용하지 말라는 법은 없기도 하거니와 현실적으로도 막을 수는 없을 것이다. 그러나 핵개발을 멈추지 않는 북한에 대해 한없이 너그럽기만 한 점은 이해할 수 없다. 도와주는 사람이 굽신거리고, 도움받는 사람이 큰소리치는 적반하장 격의 상황이 반복되는 것도 이해하기 어렵고, 북한의 핵개발은 우리의 안보에 치명타인데 그것을 눈감고 가자고 하는 것을 보면 어느 나라 국민인지 의문이 들기까지 한다.

　　보수는 안보부터 튼튼히 해둬야 한다고 이야기한다. 그러면서 북한의 비핵화를 요구한다. 북한의 경제발전과 비핵화를 연계하려고 애쓴다. 말하자면 '비핵이면 3000'이라는 식이다. 뒤에서 좀 더 자세히 논하겠지만 하나는 안보에 관한 선택이고 나머지 하나는 경제적 윤택에 관한 선택이다. 남한의 통일 정책은 북한으로 하여금 안보를 경제적 윤택과 상호교환trade-off하라는 의사결정을 압박하는 것이다. 이 조건을 북한이 받아들일 것이라고 기대하기란 곤란한 일이다. 좋은 옷 입자고 위태로움을 감수하라는 것이기 때문이다. 보수는 이와 같은 입장 때문에 통일에 관한 한 눈곱만큼도 앞으로 전진할 수 없다. 보수의 문제는 비핵화의 선택지밖에 없다는 데 있다. 북한의 핵개발에 대응하여 남한도 핵개발에 나서겠다는 주장을 감히 입 밖으로 내지도 못한다. 미군 철수나 남한에 대한 국제사회의 경제 봉쇄와 같은 문제를 감당할 수 없다는 논리다. 우리의 보수는 항상 사대였다. 시대에 따라서 중국에서 일본으로 그리고 이제는 미국으로 대상만 달라졌을 뿐이다. 감히 역린을 건드리는 짓을 할 생각은 엄두를 내지 못한다.

보수와 진보, 양측은 모두 진영의 논리에 함몰되어 항상 똑같은 주장을 앵무새처럼 반복한다. 통일에 관한 논의의 장에서 만나기라도 할라치면 서로의 입장 차이만 확인하고 서로를 비난하면서 헤어진다. 조금이라도 개선되는 방향으로의 합의 도출은 없다. 서로가 서로를 격렬하게 물어뜯기만 한다. 그래서 가끔씩 북한이 남남갈등을 촉발하는 수법을 활용하게 하는 빌미를 제공한다. 통일에 관한 진보와 보수 모두가 잘못된 접근법을 구사하고 있다. 각자가 틀린 답을 가지고, 자기만 옳고 상대방은 잘못되었다는 주장을 되풀이한다. 서로 상대방의 잘못된 점만을 지적한다.

이제는 진보나 보수의 진영 논리에서 벗어나야 한다. 진정으로 한반도를 위한 대안이 무엇인지 진지하게 생각해봐야 한다. 가장

먼저는 통일을 추진할 것인지 여부부터 재검토해야 한다. 그 다음
으로는 통일을 추진해야 한다면 어떤 형태로 어떤 단계를 거쳐서
할 것이며, 통일이 굳이 필요 없다고 한다면 어떤 형태로 교류를 해
나갈 것인지 따져봐야 한다. 명제로서 접근할 것이 아니라 현실성
또는 가능성의 관점에서 접근해야 할 때가 되었다.

체제의 통일

체제 문제로 접근할 경우 통일은 머나먼 이야기가 될 것이다.

남과 북이 통일하는 방법은 세 가지가 있다. 무력에 의한 일방적 통일, 어느 한쪽의 체제 붕괴에 의한 나머지 일방의 흡수, 그리고 쌍방 간 합의에 의한 통일이 그것이다. 셋 중에 어떤 방법이냐에 따라 그 파장은 완전히 달라진다. 또한 이 세 가지가 시작은 서로 다르지만 마지막에 넘어야 하는 허들은 같다. 묵시적이든 명시적이든 주변 열강들의 동의를 얻어야 한다는 점이다. 미국, 중국이 허락하지 않는 한 통일은 이룩할 수 없다. 남과 북이 통일을 하기로 결정하면 누가 반대한다고 해서 통일이 안 되겠냐고 하는 반론을 제기할 수도 있겠으나, 그야말로 순진한 생각이다. 남과 북이 통일 논의를 진행하는 자체가 불가능하도록 작업을 할 것이기 때문이다. 예를 들어서 북한 정권을 새로 세운다든지 하는 방법이다. 따라서 이 마지막 허들을 넘을 수 있느냐에 따라서 통일이 가능한지 아닌지가 결정된다. 먼저 세 가지 통일 방법을 살펴보고, 주변 열강이 통일을 허락해 줄 것인지의 문제는 그 다음에 따져보기로 하자.

우선 무력에 의한 통일 문제를 보자. 남한이 주도하는 경우도 있을 것이고 북한이 주도하는 경우도 있을 것이다. 우선 남과 북은 비대칭 전력을 보유하고 있다. 군사 전문가가 아니라서 구체적인 내용까지 기술하기는 어렵겠지만 북한은 휴전선 근방에 배치한 장사정포와 장·단거리 미사일, 핵무기 등이 주력무기다. 잠수정도 근거리 타격용이다. 수비의 개념은 별로 없다. 북한이 배치하고 있는 화력의 개념은 단 한 가지, 공멸이다. 이미 경제력 격차가 엄청나게 벌어져서 대등한 수준의 화력을 보유할 방법이 없는 상황임을 인정하고, 유사시 남한의 서울에 집중적인 타격을 입히겠다는 의도가 보인다. 최악의 상황에는 핵에 의존하겠다는 것인데 핵이 사용되면 남한만 망가지는 것이 아니라 북한도 살지 못하는 땅이 되기는 마찬가지다. 따라서 북한 화력의 핵심은 경제력 격차가 어찌해볼 도리가 없는 수준으로 벌어진 상황에서 혼자 망하지는 않겠다고 각오하고 있으니 남한도 그만큼의 타격을 입을 것을 각오해야 할 것이라는 협박인 셈이다. 물론 남한도 북한이 쳐들어 내려올 경우 가만히 당하고 있지만은 않을 것이고, 거꾸로 맞받아쳐서 북진통일까지도 상정하고 있을 것이다.

양쪽이 모두 가만히 있지 않겠다는 협박을 하면서 대치 상황이 지속되고 있다. 대치 상황이 지속되다 보니 서로 협박의 수위를 높여간다. 군인도 최대한 늘리고, 비행기도 최신예로 바꾸고, 미사일 사거리도 점차 늘려가고 있다. 심지어 북한은 핵개발의 위협까지 하고 있는 상태다. 이런 군비 경쟁이 현재로서는 협박용이기는 하지만 상호간에 무력 도발로 이어지는 순간 실제 타격용으로 바뀐다. 일각에서는 서로 한판 붙고 무력으로 북한을 통일해야 한다는 강경 발언도 서슴지 않는다. 장사정포로 또 미사일로 두들겨 맞는 피해는 감수해야 하는 것이라고 한다. 두들겨 맞을 때 맞더라도 북한을 흡수통일하고 우리를 위협하는 북한 정권을 영원히 정리해야 한다고 주장한다. 전쟁으로 인해 경제가 일시적으로 망가진다고 하더라도 다시 일으켜 세우면 된다고 한다.

일견 그럴듯한 이야기이고, 상당한 설득력을 가지고 일반인들에게 먹혀들어가는 논리다. 그러나 어떤 형태든지 무력에 의해서 통일이 될 때 미국과 중국이 승인을 해준다는 보장이 없다. 나중에 좀 더 자세히 살펴보겠지만 우리가 북한을 흡수할 때는 중국이 가만히 있지 않을 것이고, 북한이 남한을 흡수하려 할 때는 미국이 좌시하지 않을 것이다. 어쩌면 그 어떤 경우라도 미국과 중국이 함께 반대할지도 모른다. 또 일본이나 러시아도 으르렁거리면서 붙어 있는 만큼 남과 북의 전쟁은 동북아 발 제3차 세계대전의 도화선이 되지 말라는 법도 없다. 따라서 남과 북 사이의 전면전이라는 것은 애초부터 불가능할 가능성이 크다.

최대한 양보해서 무력에 의한 통일을 주변 열강들이 반대하지 않는다고 해보자. 그래도 우리가 북한과 전면전을 감행할 수 있는지는 다시 한 번 따져봐야 한다. 먼저 보수 네오콘들의 무력에 의한 통일론은 우리가 이긴다는 것을 전제로 하고 있다. 한판 붙어서 이길 수 있다는 생각이 암암리에 깔려 있지 않고서는 무력으로 어떻게 해보자는 생각을 할 수 없다. 그러나 전쟁이라는 것이 전력의 차이가 웬만해서는 어디가 이길지 보장할 수 없다. 어느 한 쪽이 일방적으로 이기기 위해서는 최소한 3대 1 이상의 전력 차이가 있어야한다는 것이다. 지금 우리의 전력이 북한과 비교해서 그만큼 된다는 보장이 없다. 바로 비대칭 전력에서 오는 문제다. 또 궁극적으로는 이길 수 있다고 하더라도 일방적으로 두들겨 패고 끝나는 전쟁이 될 수는 없을 것이고 전쟁 자체가 장기화될 가능성도 염두에 둬야 한다. 이렇게 되면 전쟁에 이기기는 하겠지만 남한도 완전히 망가지는 '상처뿐인 영광'이 될 것이다. 더구나 북한은 '핵'을 보유하고 있다고 봐야 한다. 대륙간 탄도탄 위에 얹어서 미국까지 실어 나르지는 못하더라도 한반도 상공에서 터뜨리는 것은 얼마든지 가능하다. 북한이 핵을 터뜨리지는 못할 것이라고 네오콘들은 말하지만, 내가 망해서 죽겠는 판에 보유하고 있는 핵무기를 써보지도 않고 죽을 리는 없다.

조금 더 많이 양보해서, 우리가 일방적으로 북한을 이길 수 있고 또 북한이 핵무기를 써보지도 못하는 경우를 가정해볼 수도 있다. 이런 경우에도 우리가 북한의 장사정포와 미사일로부터 자유로울 것이라고 오판하면 안 된다. 북한의 장사정포와 미사일이 남한의 군사기지만 타격하리라고 생각하면 절대 오산이다. 군사시설, 주요 기간시설물은 당연히 타격의 대상이다. 여기에 더하여 남한의 주요 산업시설, 예를 들어 삼성전자, 현대자동차, LG전자, SK텔레콤 등

30대 그룹의 본사와 공장은 거의 예외 없이 장사정포와 미사일이 조준되어 있다고 봐야 한다. 전쟁이라는 상황이 발생하는 즉시 북한도 반사적으로 모든 스위치를 누를 것이다. 셀 수 없을 정도로 많은 국민이 죽을 것이다. 경제는 망가질 만큼 망가져서 재기하기 어려울 것이다. 알다시피 요즘 경제는 글로벌 기업 간의 피 말리는 경쟁이라서 한 번 선두자리를 놓치면 다시 따라잡는다는 것이 불가능하다. 본사가 부서지고 핵심 인력들을 잃어버리고 생산현장이 완전히 파괴된 이후에 기업을 되살려낸다는 것은 현실적으로 불가능하다. 정말로 죽음까지도 또 그만한 경제적 손실까지도 감내할 각오가 되어 있는지 물어봐야 할 것이다.

어느 일방의 체제 붕괴에 따라 다른 일방이 자연스럽게 흡수하는 방법은 MB 정부에서 구상한 통일 방법이다. 결과부터 이야기하면 현실성이라고는 눈곱만큼도 없는, 정책 같지도 않은 정책이었고, 오히려 북한의 불안감을 자극해서 핵개발을 더 가속화시킨 말도 되지 않는 실험이었다. 체제 붕괴라고 하면 남한이 붕괴되기는 어렵고, 북한이 붕괴되는 상황을 상정해야 한다. 북한을 경제적으로 봉쇄해버리면 경제난이 발생해서 체제가 흔들릴 것이라는 주장이다. 특히 때마침 김정일 국방위원장이 사망하고 새롭게 추대된 지도자인 김정은에 대한 권력 승계 작업이 충분하지 않았고 또 나이도 어려서 위기 상황에서 통치력을 발휘하기도 어려울 것이라는 분석이 뒷받침되면서 그럴듯하게 받아들여졌다. 그러나 MB 정부의 북한 체제 흔들기는 기본 가정에 있어서 두 가지 결정적인 오류를 범한 것이었다.

하나는 북한의 체제 흔들기에 중국이 우리 편을 들어줄 것이라는 '나당연합군'의 헛된 생각이었다. '중국은 한국과 경제적 교류가 많아졌고 그래서 북한보다 한국과 더 친하다. 특히 중국의 경제발전에 있어서 중국 내 기업투자 확대와 같은 한국의 도움이 필요하기 때문에 한국 편을 들지 않을 수 없다.' 이런 판단을 한 것이다. 하지만 중국은 달랐다. '정치 파트너는 북한, 경제 파트너는 남한'이라는 철저한 정경분리 원칙을 간과한 것이다. 중국의 입장에서 남한은 경제적으로 서로 잇속을 챙기는 관계에 불과하다. 남한의 투자가 중국의 입장에서 꼭 필요한 것도 아니다. 오히려 우리가 중국으로부터 저임금이나 거대 중국 시장을 이용하는 혜택을 보고 있다고 생각할 가능성이 더 크다. MB 정부의 국제정치 연습생들이나 우리가 중국에 투자하는 것이 중국에 도움을 주는 것이라고 생각하지, 대체로 경제 문제는 국제정치에서 하나의 외교수단 정도로 치부된다. 미국이 동맹국에 최혜국 대우를 해주거나, FTA, TPP(Trans-Pacific Strategic Economic Partnership, 환태평양전략적경제동반자협정)와 같은 경제적 협력관계를 만들어가는 것은 자국 시장을 내주면서 국제정치적 측면에서 우방을 만들어가는 것이다. 중국과의 경제협력으로 우리가 중국에 도움을 주고 있으니 대북 관계에서 중국이 우리 편을 들어

줄 것이라고 생각했다니 얼마나 순진하고 국제정치의 기본을 모르는 발상인가.

또한 중국의 전통적 외교 정책의 근간은 순망치한脣亡齒寒이다. 잇몸이 망가지면 이가 시리다는 것인데, 동북아 정치 문제에 접목해서 생각해보면 북한이 망가지면 중국이 위협받는다는 것으로 해석할 수 있다. 즉 미국과 대치하는 상황에서 북한이 있으면 중국의 입장으로서는 일차 저지선이 형성되어 있는 셈이다. 비단 미국뿐만이 아니라 일본도 있다. 이미 '대동아전쟁' 때 한반도가 뚫리면서 일본에 의해 중국 본토가 무자비하게 유린당한 바도 있다. 중국이 대북 경제지원이 아까워 남한을 도와 북한을 무너지게 만든다는 발상이 어떻게 가능한지 궁금하다. 중국인들도 '퍼주기'가 싫증났을 것이다. 그 사람들이라고 경제적 지원 요구만 하는 이웃이 반가울 리는 만무하다. 혁명 1, 2세대들이야 혁명동지로서의 끈끈함이 있었을 터이다. 그러나 중국도 혁명 세대가 물러나고 피를 나눈 끈끈함이 희석된 지금 대가 없는 지원을 계속하고 싶지는 않을 것이다. 동족인 우리도 '퍼주기' 해주지 않겠다고 나서는데 중국인들은 우리보다 더하면 더했지 덜할 리는 없다. 그럼에도 불구하고 중국은 북한에 퍼주기를 계속하고 있다. 물론 북한 주민이 호의호식할 정도로 지원하지는 않는다. 헐벗음을 면할 정도의 지원인데, 여기에는 북한 체제가 붕괴되는 것을 막는다는 의미가 있다. 북한이 붕괴될 때 입게 될 손실이 당장의 경제적 지원보다 훨씬 더 크다는 것을 알고 있기 때문이다. 중국이 남한과 손을 잡고 북한을 압박한다는 것은 헛된 꿈에 불과하다. 나당연합군이 가능했던 것은 고구려가 중국을 위협하는 존재였기 때문이다. 지금 북한은 중국과 혈맹이 되었고 남한은 미국과 동맹 관계인데, 중국과 남한의 연합이 가능할까. 어리석고 한심한 발상이다.

둘째로 북한을 경제적으로 압박하면 체제가 붕괴될 것이라는 가정도 잘못되었다. 자고로 북한과 같은 정치체제는 경제적으로 웬만큼 어려워서는 무너지지 않는다. 정말로 심하게 어려운 상황이 되면 무너질 수가 있다. 민중 혁명이나 봉기가 발생하는 경우다. 그러나 북한은 지도체제와 군부 간의 이해관계가 맞아떨어져서 군부의 힘으로 민중을 장악하고 있다. 민중은 모래와 같은 존재로 전락하여 혁명을 일으킬 수 있을 정도로 뭉칠 수 없는 상태다. 북한에서 일이 난다고 하면 군부에 의한 쿠데타가 가능할 것이나, 경제적 이유가 동인이 되어 그런 일이 발생하기는 어렵다. 쿠데타를 일으킬 정도로 힘을 가지고 있는 군부의 실력자는 경제적으로 혜택받는 계층에 속해 있지 헐벗고 굶주리는 계층은 아닐 것이기 때문이다.

사람들이 빈곤에 처한 상황에서는 체제의 잘잘못을 따질 여유가 없다. 오히려 경제적으로 어느 정도 부유해져야 체제 불안이 발생한다. 민주화가 일어나려면 1인당 국민소득이 3,000달러 수준은 되어야 한다는 것이 일반적인 판단이다. 경제적으로 굶주리게 되면 사람들은 오히려 한마음으로 똘똘 뭉치게 될 가능성이 있다. 어차피 그동안 남한과의 경제협력도 '이팝에 고깃국' 먹을 정도는 아니었다. 호의호식을 시켜주던 것도 아니고 그만큼 없어도 죽지 않는다고 큰소리칠 것이다. 그러면서 마음속으로는 기아를 면하게 해주던 요긴한 경제협력을 끊어버린 남한에 대해 원망하는 마음을 가지게 될 것이고, 그런 원망은 북한 국민을 단합하게 만드는 효과가 있을 것이다. 한편 남한이 경제협력을 중단한다고 해서 북한 경제가 더 망가지는 것도 아니다. 북한은 지난 1990년대 고난의 행군 시기를 넘어선 이후 식량 사정이 계속 안 좋았다. 그러나 최근 몇 년 동안은 일기가 나쁘지 않아서 작황이 좋아진 것으로 알려져 있다. 더구나 김정은 체제 이후 시행한 여러 가지 경제개혁 조치도 효과를 보고 있다. 누군가 지원을 해주지 않으면 그만큼 생존 노력도 더해지게 되어 있다. 외부의 도움이 없이도 충분히 자력갱생할 수 있다고 국민들에게 선전할 것이고 또 그것이 먹혀들어갈 것이다.

북한이 경제적 압박으로 무너진다고 할 경우에도 과연 남한과 통일이 이루어질까. 체제가 붕괴될 정도로 경제적 어려움이 지속되고 있는데 옆에서 쳐다보기만 하고 어려움을 더 가중시키기만 하던 남한과의 통일을 북한 주민들이 원할 것인지도 미지수다. 경제적 압박은 북한 주민의 마음을 얻지 못하는 문제가 있다. 북한 주민 입장에서는 통일이라는 것을 해봐야 남한 사람들을 섬겨야 하는 이등 국민 정도로 취급받을 것이라면 통일을 할 필요가 없어진다. 오히려 평소에 조금씩이라도 도움을 주던 중국에 가서 붙는 것이 나을 수도 있다고 판단할 수 있다. 더구나 중국이 남한보다 훨씬 더 대국이기 때문에 도움을 받기도 편하다. 중국에 붙어사는 것이 자존심이 상하는 일일지라도, 실제 도움은 주지 않으면서 조금 잘살게 되었다고 젠체하는 남한보다는 중국이 더 나을 수 있다.

가정의 오류에 더하여 판단상의 실수도 있었다. 북한의 붕괴로 남북한이 통일이 될 수 있다는 가정 하에, 그것이 가져올 경제적 측면의 득과 실에 대한 판단이 잘못되었다. 북한의 붕괴가 가져오는 국제정치적 측면의 득실은 국가마다 다를 것이다. 특히 남북이 통일이 될 경우의 득실은 국가에 따라서 극과 극으로 갈린다. 중국은 손해가 클 것이고, 러시아는 그저 그럴 것이다. 일본은 한반도의 통일이 득인지 실인지에 대해 분주하게 계산기를 돌려야 할 것이다. 물론 미국은 득이 클 것이다. 그러나 경제적으로는 중국, 러시아, 일본, 한국 모두 손실이 될 것이다. 경제적 지원 문제에서부터 난민 문제까지, 모든 것이 경제적인 문제로 귀결된다. 이럴 경우 주변 국가들은 모두 남한을 쳐다볼 것이다. '지금까지 한 민족이라고 하지 않았느냐'고 하면서 남한이 경제적 지원을 도맡아서 해야 하는 것 아니냐고 주장할 것이다. 통일은 더욱 더 어려운 사태를 불러온다. 남한이 북한의 경제적 갱생을 책임져야 한다. 통일국가이므로 당연히 그럴 수밖에 없다. 이 경우 남한 국민은 1인당 7,000달러의 국민소득을 포기해야 한다. 북한 인구 3,000만 명과 1인당 국민소득 500달러, 남한 인구 5,000만 명과 2만 달러, 평균을 내면 8,000만 인구 1

인당 1만 3,000달러 정도가 된다. 7,000달러는 통일비용이다. 그것도 전쟁과 같은 피해가 없을 경우의 최소한의 금액이다. 이 정도 수준의 통일비용을 감내할 국민이 몇 명이나 될까. 국민소득 35%가 줄어드는 통일에 동의할 국민이 있기는 할런지. 이런 경제적 손실을 감안하면 차라리 먼저 북한의 경제발전을 돕고 차후에 통일을 도모하는 단계별 접근이 훨씬 더 국민의 동의를 구하기도 쉽고 현실성도 있다. MB 정부의 대북 압박 정책은 실로 엄청난 판단 미스였던 셈이다.

마지막은 남북이 합의 하에 통일을 하는 방법이다. 가장 불가능해 보이지만 유일하게 가능한 방법이기도 하다. 현재로서는 남북이 통일에 합의할 방법은 없다. 남한 국민이 북한의 지배체제governance structure로 편입되는 것에 동의할 가능성은 전혀 없다. 반대로 북한은 국민들은 원할지 모르나 지도부가 원하지 않을 것이다. 이런 관점에서 보면 남과 북이 통일되는 것은 불가능하다. 남한과 북한이 지배체제가 같으면 동독과 서독처럼 상대적으로 쉽게 통일이 가능할 수도 있다. 더구나 프랑스, 영국은 물론이고 미국도 독일의 통일이 탐탁하지 않았을 것이다. 자고로 유럽은 수차례에 걸친 전쟁 경험이 유전자에 남아 독일이 대국으로 통일되는 것을 원하지 않는다. 독일은 통일이 되면 언제라도 전쟁을 일으킬 수 있다고 생각하는 것 같다. 그럼에도 불구하고 동독과 서독이 통일한다고 했을 때

누구도 내놓고 반대를 하지는 못했다. 다만 소련이 반대했으면 불가능할 수도 있었던 일인데 어찌된 일인지 반대하지 않았다. 고르바초프가 어떻게 찬성을 해줄 마음을 먹었는지 아직도 궁금한 일이다.

남한과 북한 간의 서로 다른 지배체제를 감안할 때 통일은 불가능해 보일 수도 있다. 그래서 MB 정부는 압박에 의한 북한 붕괴와 남한에 의한 흡수통일이라는 시나리오를 생각했던 것으로 보인다. 실제로 이명박 대통령은 통일이 머지않다는 뉘앙스의 발언을 여러 번 하기도 했다. 현재의 지배체제 하에서 전쟁이나 체제 붕괴 이외의 방법을 통한 자연스런 통일은 가능성이 전혀 없기 때문이다. 그러나 체제 붕괴에 의한 흡수통일은 현재의 상태가 지속될 것이라는 가정이 깔려 있는 해법이다. 또한 통일을 마치 무슨 행사와 같은 커다란 이벤트성 해프닝 정도로 간주할 때만 상상 가능한 일이다. 하지만 북한의 지배체제가 영원히 지금과 같은 상태로 유지될 것이라고는 생각할 수 없다. 또 통일이 올림픽 개막식처럼 한 번 하고 끝나는 행사도 아니다. 통일은 엄청난 선행작업이 있어야 하고, 또 그보다 훨씬 더 어려운 사후처리 과정이 요구된다. 어느 날 갑자기 광장에 시민들이 모여서 어깨동무를 하고, 밤새 축포와 샴페인 축제를 벌이고, 다음날 아침이면 일상으로 되돌아가는 그런 일회성 행사가 아니라는 것을 우리는 이미 베를린에서 보았다.

통일은 많은 준비가 필요하다. 특히 경제적 측면에서 북한과 남한 간의 격차를 좁히려는 노력이 필요하다. 어쩌면 격차를 좁히는 것은 불가능할 수도 있다. 하지만 북한도 최소한의 경제적 수준을 먼저 갖추도록 할 필요가 있다. 또는 북한이 자본주의 자유시장 경제체제로 나올 준비라도 해야 한다. 통독 후 동독 주민들이 새로운 경제체제에 적응하지 못해 힘들어하는 것을 보았다. 어쩌면 수십 년 동안 사회주의 체제에 길들여져 살던 북한 주민들로서는 자본주의 체제로의 전환이 쉽지 않을 수도 있다. 그들은 영원히 적응하지 못하고 새롭게 태어나는 세대들부터 새싹을 틔울 수 있을지도 모른다. 하지만 최소한 자본주의 체제에 갑작스럽게 노출되지 않도록 미리 적응할 수 있는 시간을 부여하는 것이 필요하다.

이런 준비를 하다 보면 어차피 통일은 하루아침에 달성할 수 있는 것이 아니라는 사실이 자명해진다. 서독은 제2차 세계대전 이후 수십 년 동안 준비를 하고도 통일이 그리 쉽지만은 않았다. 우리는 이제 통일에 관한 논의가 시작된 지 불과 15년밖에 지나지 않았다. DJ 정부 들면서 국내에서 논의가 시작된 정도이고, 통일의 시기나 방법 등 어느 하나도 구체화되지 않았다. 통일 재원은 아직 1원 한 푼도 적립된 것이 없다. 소요재원 규모, 조달 방법조차 아직 충분히 논의되지 않았다. 아직도 한참 남은 과제다. 그런 준비를 하는 사이 북한의 지배체제도 변화의 전기를 맞이할 수 있을 것이다. 더 나아가서 그런 변화가 발생할 수 있도록 또 그것이 사회적 불안을 야기하는 급변 사태가 되지 않도록 남한이 도와주고 유도할 필요가 있다.

동북아 역학구도와 통일

유럽은 독일의 통일을 원하지 않았다. 그만큼 시대적 사건이었다.

동북아는 한반도에 통일국가가 탄생하는 것을 탐탁하게 생각할까? 통일을 생각할 때 우리가 가장 먼저 던져야 할 질문이다. 앞에서 남한과 북한의 통일 방법에 대해 논의했다면 이제 주변 열강들이 찬성할지 여부를 따져볼 차례다. 주변 국가들이 반대할 경우 통일은 지난한 과제가 될 것이다. 결론부터 이야기하면 한반도를 둘러싼 주변 열강들이 쉽게 찬성해줄 가능성은 별로 없다. 탐탁하게 생각하지는 않더라도 반대는 할 수 없도록 만들어야 한다. 때로는 명분으로 압도해야 하고, 때로는 굳센 의지로 돌파해야 할 것이며, 또때로는 그들의 이해관계에 부합하는 해법을 내세우면서 추진해야할 것이다.

러시아는 주변 4개국 중에서 분석이 가장 쉬운 축에 속한다. 한반도에 대한 이해관계가 주변 4개국 중에서 제일 적기 때문이다. 북한은 러시아의 위성국가라고 하기보다는 중국에 더 가깝다. 러시아도 이미 그렇게 취급하는 것으로 보인다. 물론 북한이 중국을 그렇게 좋아한다는 의미는 아니다. 혁명 1세대에서 2, 3세대로 내려오면서 중국과 북한도 더 이상 혁명동지의 관계는 아니다. 하지만 중국과 북한 사이에는 아직 조중동맹이 굳건하다. 또한 북한이 중국과 러시아 사이에서 줄타기를 하다가 어느 순간부터는 중국 쪽으로 더 많이 기울어버렸다. 한편 러시아와 중국 간의 미묘한 경쟁 관계를 감안하면 러시아는 중국 견제 차원에서 남한과 가깝게 지내고자 하는 의도도 있을 것이다. 실제로 러시아는 중국보다 남한에 훨씬 우호적이다. 돈이 필요해서일 수도 있지만 러시아는 대륙간 탄도미사일Intercontinental Ballistic Missile 나로호 공동 개발도 해준 바 있다. 그런 것은 맹방 간에도 웬만큼 돈이 필요하다고 해주는 일은 아니다. 러시아는 지금 돈이 궁한 나라도 아니고, 우리와 맹방의 관계도 아니었다. 러시아가 남한에 대해 생각하는 정도가 그만큼이라는 의미로 해석해도 그리 틀리지 않을 것이다.

또한 일본과의 관계에 있어서도 북한이 러시아에게 잇몸의 역할을 해주는 것도 아니다. 러시아도 과거 러일전쟁을 치른 경험이 있지만 그것은 조선과 만주에서의 역학구도에서 발생한 것이지, 일본이 러시아를 지배하기 위해서 벌인 일은 아니다. 일본은 중국이나 아시아 국가들에 대한 지배력을 키우고 싶어했다. 하지만 유럽에 대한 욕심을 보인 적은 없다. 일본의 그릇 크기는 아시아의 맹주를 노리는 수준이었다. 메이지유신의 기본정신인 '탈아입구脫亞入歐' 때문인지 아니면 일본인들의 생각이 그렇게 표출된 것인지, 일본은 글자 그대로 '아시아를 깔보고 서구를 동경한다.' 민족적 우월성 측면에서 서구 인종을 자신들보다 우월하다고 생각하고, 아시아는 뒤

처진다고 생각하는 경향이 있다. 일본이 러시아로 확장한다는 것은 우선은 춥고 못 쓰는 지역으로 확장해야 하는 것이고, 제대로 된 러시아를 넘보기 위해 모스크바까지 가는 것은 유럽을 노린다는 의미가 된다. 과연 일본이 서구 사회에 대한 침략 행위를 할 정도로 배짱이 있는가. 일본이 서구 사회를 침공한 것은 진주만The Pearl Harbor이 유일했고, 그것은 진주만을 빼앗기 위해서가 아니라 남태평양 전쟁에서 시간을 끌기 위해서였다고 봐야 할 것이다. 일본은 그릇 크기로 보아 감히 서구를 침략하지 못할 것이다. 따라서 일본이 노리는 바는 러시아는 아니라고 보인다.

러시아는 미국에 대해서는 다소 견제구를 날리고 싶을 것이다. 미국과의 군비 경쟁을 포기하기는 했지만, 그래도 여전히 과거의 G2로 복귀하는 것을 꿈꾸고 있을 것이다. 이와 같은 측면에서는 한반도에 친미 정부가 들어서는 것이 좋을 리는 없다. 그러나 러시아의 입장에서는 멀리 있는 미국보다 국경을 접하고 있는 중국이 더 껄끄러운 존재라고 할 수 있다. 통일한국은 중국을 견제하는 한편으로 일본까지도 견제할 수 있어서 친미 한반도가 되는 손해를 감수할 만하다. 특히 한반도는 통일된 국가가 된다고 해서 러시아의 안위를 걱정해야 할 만큼 강대국으로 커지는 것도 아니다. 다른 한편으로는 러시아가 한반도의 통일을 반대한다고 해서 통일을 방해할 간접적인 영향력 이외에 직접적 수단을 가졌다고 볼 수도 없다.

일본의 입장은 어떨 것인가. 통일 문제에 앞서 일본의 한반도에 대한 생각을 먼저 따져봐야 할 것이다. 한반도는 그 자체로도 탐이 나는 땅덩어리다. 이미 두 차례나 침략했던 경험도 있다. 임진왜란과 한일합방이다. 일본은 하루가 멀다 하고 툭하면 진도 9급의 지진과 쓰나미에 당한다. 이번 도호쿠 대지진에는 지진과 쓰나미로도 심하게 당했지만 원자력발전소 사고까지 터져서 삼중고를 겪은 바 있다. 사고가 난 후쿠시마 원전지역은 아직도 방사능 유출로 인해 출입이 제한되고 있으니 대지진의 피해는 아직도 진행중이다. 또한 화산도 폭발한다. 후지산의 화산활동 주기는 200~300년 정도 되는 모양이다. 후지산의 화산활동이 재개되고 있다는 언론 보도가 계속되고 있는데 조만간 다시 한 번 용암을 분출할지도 모른다. 일각에서는 화산활동은 기우에 지나지 않는다고 말하기도 한다. 하지만 만에 하나 화산이 터지기라도 한다면, 그리고 규모가 초대형급이면 아무리 준비하고 대피한다고 해도 화산재가 일본 열도를 덮는 것을 막을 방법은 없다. 일본은 쓰나미에 이어 또 다시 자연재해에 속수무책으로 노출되는 것이다. 이런 일본의 입장에서 보면 한반도는 자연재해라는 것이 거의 없다. 커다란 지진 한 번 터진 적도 없고 화산활동도 없다. 바다로부터 오는 쓰나미는 역설적인 이야기지만 일본이 방파제가 되어 막아주고 있다. 이보다 더 좋은 조건은 없다.

그런 한반도가 통일을 통해 강대국으로 거듭 태어나면 일본의 입장에서 볼 때 침략 가능성이 점점 떨어진다. 지금의 남한은 일본보다 그다지 좋은 조건이 아니다. 인구는 40%, 땅덩어리는 25% 수준이고, 보유 지하자원은 일본이나 남한이나 별 것 없기는 마찬가지다. 특히 남한은 북한이 존재함으로 해서 말 그대로 섬나라가 된다. 그러나 한반도가 하나로 통일되는 순간 이야기는 달라진다. 우선 국토와 인구가 일본의 60% 수준까지 커진다. 지하자원의 경우 일본에는 매장된 것이 거의 없는 반면, 한반도에는 원유만 나지 않을 뿐이고 꽤 많은 지하자원이 매장되어 있다. 핵무기를 만들 수 있는 우라늄에서 지난번 영토분쟁 때 중국이 일본으로 하여금 무릎을 꿇게 만든 희토류까지. 침략하기만 어려워지는 것이 아니다. 결정적으로 유럽대륙과 연결된다. 일본이 유럽대륙에 육로로 연결되기를 희망한다면 한국에 사정을 해야 하는 상황이다. 특히 한반도가 거꾸로 일본에 위협이 되지 말라는 보장도 없다. 일본이 겉으로 드러난 힘의 균형에서 한반도보다 앞선 것은 임진왜란이 처음이었다. 1587년 일본을 통일한 도요토미 히데요시가 임진년(1592) 조선 부산포 침공을 시작으로 평양까지 파죽지세로 몰아붙일 당시 일본군의 전력은 조선에 비해 몇 수 위였다. 왜군이 평양까지 진군할 동안 일본 장수가 한 명도 죽지 않았고 진군에 60일도 채 걸리지 않았다는 점을 감안하면, 실질적으로 전쟁이 없이 진군을 계속했다는 것을 의미한다. 하지만 일본이 군사 전력으로 한국을 앞선 시기는 겨우 임진왜란 이후 400년에 불과하다. 그 이전에는 대체로 한반도가 일본보다 우위에 있었다. 고려 때 김방경의 일본 본토 정벌이나 세종 때

한반도의 미래에 관한 대담한 생각

대마도 정벌 등이 증거다. 이것은 한반도가 통일이 되면서 국력이 상승하기 시작하면 언제 다시 일본의 군사력을 뒤집을지 알 수 없다는 것을 의미한다.

일본은 문화적으로는 우리보다 훨씬 더 뒤늦었다. 임진왜란 때 강제로 끌려간 조선 사람들과 우리의 문화재나 서적이 일본 문화의 뿌리라는 점은 일본이 문화적으로 미개한 나라였다는 점을 반증한다. 일본이 서구문명을 본격적으로 받아들이기 시작한 메이지유신 전까지만 해도 일본은 문화적으로 열등한 나라였고, 중국과 더 가까운 관계에 있던 한국을 통해 중국의 문물을 받아들이던 문화 종속국이었다. 일본의 입장에서 한국은 항상 껄끄러운 국가임에 틀림없다. 근현대사를 기준으로 보면 한국은 일본 앞에서 설설 기다시피 해야 마땅한 나라인 것 같은데, 한국(사람들)은 일본에 뒤진다는 것을 인정하지 않는다. 전혀 무서워하지도 않는다. 오히려 전 세계에서 유일하게 일본을 우습게 여기고 한 수 아래로 접어둔다. 한국은 한일합병으로 일본에 군사적 측면의 속국이 된 적은 있지만 문화적으로는 단 한 순간도 일본의 속국이라고 생각해본 적이 없다. 오히려 일본 문화는 미개한 것이고, 대부분 우리나라에서 건너간 것이며, 따라서 문화역사적으로는 일본이 우리의 속국이라고 생각하는 우월감을 가지고 있다. 이런 문화적 우월성이나 정신적 기세 싸움에서의 우위 의식은 스포츠에서 드러난다. 한국은 다른 나라와의 게임에서는 펑펑 깨져도 유독 일본에 대해서만큼은 우세를 보인다. 축구에서부터 김연아의 피겨 스케이팅까지. 이렇게 정신적인 기세에서 일본에 지지 않는, 어떤 면에서는 압도하는 한반도가 통일까지 이룩해 국력이 커진다면 일본으로서는 틀림없이 부담스러울 것이다.

　통일된 한반도가 일본과 1대 1로 겨룰 수 있을 정도의 대국으로 커지지는 않을 수도 있다. 그러나 통일한국이 중국과 손을 잡는다면 일본으로서는 상상도 하기 싫은 시나리오가 발생한다. 사실 한·중·일 간의 관계만 놓고 보면 역사적으로 보거나 최근의 영토분쟁으로나 한국이 일본보다는 중국과 손잡을 가능성이 훨씬 크다. 중국은 일본으로서도 부담스러운 나라다. 군사력만으로는 일본이 중국을 이길 수 있을지도 모른다. 그러나 중국의 거대 인구는 감당할 수 없는 무기다. 중국이 일본 열도를 침공하는 것은 불가능하다고 하더라도 한반도를 포함한 대륙에서 일본이 중국을 이기기는 어렵다. 그런데 한국이 일본보다 중국과 손을 잡는다고 하면 일본이 아시아의 맹주로 자리매김하기는 불가능하다. 그것은 비단 군사적인 문제만이 아니라, 경제적으로도 마찬가지다. 이와 같은 구도를 상정해볼 경우 일본은 한반도 통일에 절대 반대하는 입장일 것이다. 일본은 한국이 지금처럼 반으로 갈라져 있고, 북한 문제 때문에 중국과 가까워지지 못하는 상태이길 바랄 것이다. 그럼에도 불구하고 일본 역시 한반도 통일에 대해 간접적으로 영향을 미칠 수 있을 뿐이지 직접적으로 반대할 수단을 가지고 있지 못하다. 일본의 반대는 아주 제한적인 의미밖에는 가지지 못한다.

다음은 미국 순서다. 앞의 두 나라와는 달리 한반도 통일에 있어서 키 플레이어로서 역할을 하고 있기도 하고, 직접적인 수단도 손에 쥐고 있는 나라다. 미국은 한반도에 통일국가가 출현하는 것을 원할까. 그렇다고 하면 왜 애초에 한반도를 두 나라로 갈라서 소련과 함께 분할 통치를 하려고 했을까. 또한 왜 1950년 1월 미국 국무장관 애치슨Dean Gooderham Acheson은 극동방위선에서 한국을 제외하여 6·25 전쟁의 발발을 묵인하는 결과를 가져왔을까. 이런 질문이 꼬리에 꼬리를 잇는다. 물론 당시의 주변 정세는 지금과는 사뭇 다르다. 한반도에서 소련보다는 중국의 힘이 강화되었고, 일본도 더 이상 제2차 세계대전 패망 후의 일본이 아니다. 그리고 가장 중요한 것은 남한도 국력이 그 당시와는 비교도 할 수 없을 정도로 커졌다는 점이다.

미국의 한반도에 대한 입장을 국제정치학의 파워 밸런스power balance 측면에서 살펴보기 위해서는 고려해야 할 이슈가 몇 가지 있다. 가장 먼저 따져봐야 할 것은 미국의 패권이 지속될 것인지, 아니면 글로벌 분점 상황으로 갈 것인지의 문제다. 이 점에 대해서 길게 설명하기는 어렵지만 나는 앞으로 최소 50년에서 100년은 미국의 단일 패권 상태가 지속될 것이라는 주장에 함께한다. 패권이란 그 정의 자체가 혼자서 나머지 전체를 압도할 수 있어야 한다. 미국은 제2차 세계대전 이후 소련과 함께 G2 체제로 가다가 1991년 12월 25일 소련의 해산과 함께 단일 패권 체제를 유지하고 있다. 최근 들어서 중국이 소련의 대안 세력으로 떠오르고 있으나 몇 가지 측면에서 중국은 미국의 대안 세력으로 성장하기 힘들다. 하나는 군사력이다. 군사력은 어느 한 해의 국방비로만 결정되는 것이 아니며 수십 년간 투자해온 군사력 스톡이 더 중요한 의미를 갖는다. 중국은 이제 국방투자가 시작되었기 때문에 지난 60~70년 동안 세계 최고 수준의 국방비 투자를 지속해온 미국에 대적하기 쉽지 않다. 둘째는 경제력이다. 현재의 군사력을 유지하기 위한 경제력을 가지고 있어야 한다. 미국 경제는 세계 1위다. 미국은 커다란 내수시장을 가지고 있고, 천연자원을 보유하고 있으며, 세계 1위 금융 경쟁력에 더하여 제조업도 부활하고 있다. 중국 경제력이 미국을 따라잡기는 쉽지 않을 것이다. 셋째는 지도력이다. 중국이 G2로 올라서기 위해서는 그에 걸맞는 지도력을 보여줘야 한다. 미국은 청교도정신, 개척정신, 세계 경찰국가로서의 헌신 등 우러러볼 만한 숭고한 정신을 앞세우고 있다. 자유진영의 이념을 지키기 위하여[4] 미국은 한국전쟁에서 또 베트남전쟁에서 조건 없는 피를 흘렸다. 또한 미국의 젊은이들은 그런 국가의 부름에 죽음을 무릅쓰고 흔쾌히 참여했다. 이처럼 미국은 숭고한 이념의 수호자이기도 하고, 세계 경찰로서의 역할을 마다하지 않는다는 평가를 할 수 있겠다.[5] 이와는 반대로 중국이 보여주는 행태는 자국의 이익 이외에 숭고한 자기희생의 모습은

---

4 시각에 따라서는 '룰 메이커(rule maker)로서의 지위를 유지하기 위하여'일 수도 있겠다.

보이지 않는다. 지구상 그 누구도, 심지어는 북한조차 중국을 진정한 지도국으로 믿고 따를 것으로 보이지는 않는다. 군사력, 경제력, 지도력의 모든 측면에서 미국은 당분간 세계 패권의 지위를 유지할 것이라는 데 의심의 여지가 없다.

다음으로는 패권국가 미국이 동아시아에 대해 어느 정도의 전략적 중요성을 인정할 것인지를 따져봐야 한다. 동아시아는 길게 설명할 필요 없이 20세기 후반으로 들어서면서 세계 정치에서 가장 뜨거운 지역으로 떠오르고 있는 것이 사실이다. 경제적인 측면에서는 일본, 한국, 중국의 순으로 부흥의 길을 걸었고, 발전모델도 비슷하다. 3국의 GDP를 합하면 미국이나 유럽 주요국 합산 GDP와 비교할 때 서로 엇비슷한 수준이다. 세계 지도가 3각축으로 재편되고 있다고 봐도 과언이 아니다. 더구나 동아시아 3국의 제조업 경쟁력은 이미 세계 최고 수준으로 올라섰다. 높은 제조업 경쟁력은 군수산업의 경쟁력과 직결된다. 아시아 3국은 이미 군사적으로도 깔볼 수 없는 상태라는 것을 의미한다. 문제는 이 지역이 발칸반도에 비유될 정도로 군사적으로 매우 불안한 곳이라는 점이다. 남한과 북한이 대치하면서 군비 경쟁을 벌이고 있고, 일본은 평화헌법을 바꾸려고 할 정도로 강경 보수화되고 있다. 중국은 경제력에 더하여 군사적인 측면의 세계적인 위상을 점하기 위해 일본과 경쟁적으로

---

5 이와 같은 미국의 역할에 대해서는 비판적인 평가도 있다는 점을 부정하는 것은 아니다.

군사력 증강에 나서고 있다. 여기에 전통적 군사 강국인 러시아 경제가 살아올라오고 있다. 만약에 북한 문제를 파키스탄과 동일하게 처리하는 상황이 온다고 하면 일본과 남한의 핵무장도 막을 수 없을 것이다. 동아시아는 그야말로 세계 최대의 화약고가 될 것이다. 21세기 미국의 최대 관심사는 유럽이나 중동지역이 아니라 동아시아 관리가 될 것이다.

세계 최대의 화약고로 떠오를 동아시아에서 러시아, 일본, 중국 3대 강국의 역학구도 하에 미국이 생각하는 한반도의 기능은 어떤 것일까. 여기에 따라서 미국이 생각하는 한반도 통일의 모습이 그려지게 될 것이다. 우선 가장 먼저 생각할 수 있는 것은 '완충지대' 역할이다. 남과 북의 현재 모습이다. 한국전쟁 이후 지금까지 60여 년간 한반도는 동북아의 중심에서 중·러 공산진영과 미·일 자유진영 간의 완충지대 역할을 충실히 담당해왔다. 하지만 이제는 완충지대 역할로서 수명이 다해가는 것으로 판단된다. 우선 소련 붕괴로 냉전 구도가 소멸되었다. 또한 고르바초프의 페레스트로이카와 글라스노스트, 덩샤오핑의 흑묘백묘론으로 자본주의의 실험을 시작한 러시아와 중국은 더 이상 공산진영으로서 공동보조를 취하지 않고 서로 다른 길을 걷게 되었다. 이에 더하여 한국도 경제 규모가 커지면서 완충지대 역할에 순순히 머물려고 하지 않는다. 북한도 핵무기를 개발하면서 상황을 더 복잡하게 만들고 있다. 진영 간의 완충지대로서 한반도의 역할이 용도폐기되고 있는 것이다. 이제 미국이 동아시아에서 필요로 하는 것은 일·중·러 3각 세력 간의 균형추다. 당장은 일본과 묶어서 중국을 견제하는 데 효과적이다. 장기적으로 일본이 다시 살아나고 보수군국화가 심해질 경우에는 중국과 묶으면 된다. 러시아도 적당한 견제구가 되어줄 수 있다. 일·중·러 3강과 균형추 한반도, 제갈공명이 유비에게 제안한 것보다 훨씬 더 훌륭한 천하삼분지계天下三分之計다. 다만 3국의 경제, 군사력을 감안할 때 분단된 한국의 규모로는 균형추 기능을 수행하는 데 역부족이다. 더구나 균형추 역할을 해야 하는 남한은 북한의 위협에 대응하느라 힘을 낭비하고 있다. 한반도가 통일되어 남북 대치에 힘을 쏟지 않고, 지금보다 조금 더 커져서 힘이 강화되고, 중국이나 일본과 국경을 직접 맞대고 있어서 양쪽 모두에 직접 위협이 되는 상황이면 더 좋을 것이다. 이제 미국의 입장에서는 통일된 한반도가 아쉬울 것이다.

하지만 한반도 통일에 선뜻 손이 나가는 것도 아니다. 통일된 한반도가 누구의 편에 설지 확신이 없을 것이다. 한국은 일본과는 달리 전통적으로 중국의 위성국가에 가까웠다. 한·중·일 3국 간의 관계에서는 한국이 중국 편을 들 가능성이 더 크면 컸지, 신사참배를 강행하고 영토분쟁을 멈추지 않는 일본과 손을 잡는다는 것은 상상하기 어렵다. 그러나 또 한국이 완전히 중국과 이해관계를 일치시키고 살았던 것도 아니다. 중국의 군사력에 눌려서 전쟁을 하는 것보다는 편하게 사는 것을 택해왔던 것이지 중국의 속국으로 살지는 않았다. 오히려 중국의 뜻에 거스르는 행동을 취함으로써 여러 번 침략을 당했던 바도 있다. 완전히 중국으로 동화되지도 않았다. 중국의 주변에서 한국과 베트남은 위성국가이기는 하지만 또 상대적으로 독립적인 지위를 유지해온 나라들이다. 중국도 한국이나 베트남을 만만하게 볼 수 없었다. 한반도 침략에서 완전히 승리를 한다는 보장도 없었고, 오히려 과도하게 에너지를 쏟다가 멸망의 길을 걷게 된 경우가 많았다. 베트남 침공도 최근까지 성공해본 적이 없다. 오죽하면 소설에서라도 칠종칠금七縱七擒하고 싶었을까. 따라서 미국은 선택을 해야 하는 상황에 처해 있다. 분단된 한반도에서 확실한 반쪽을 얻든지, 아니면 통일된 한반도에서 불확실한 온쪽을 얻는 선택이다.

어쩌면 미국은 통일한반도의 관리권을 중국에 넘기는 타협을 할 수도 있다. 중국이 북핵을 완벽히 관리해준다고 가정할 경우 가능한 옵션 중의 하나다. 이 경우 '신新애치슨라인'이 그어지게 된다. 지난 2008년 미국 국무장관 콘돌리자 라이스는 이런 가능성을 뒷받침하는 발언을 하기도 했다. 콘돌리자 라이스는 〈포린 어페어스 Foreign Affairs〉 7·8월호 기고를 통해서 "일본과 호주는 동맹국alliance 이고 한국은 글로벌 파트너global partner"임을 밝힌 바 있다. 동맹국은 그 정의상 대체가 불가능하지만, 파트너는 대체가 가능하다. 한국이 아니더라도 일본으로 대체 가능하다고 보는 것이다. 일본만으로도 동북아에서 웬만한 전략적 입지를 구축할 수 있다는 발언이다. 사실 일본과 대만만 있으면 태평양으로의 해상 방어선은 완벽하게 구축된다. 하지만 한반도가 동아시아에서 균형추로서 가지는 전략적 중요성, 중국과 일본 그리고 러시아의 3국 사이에서의 이합집산을 통해 3국 모두를 견제하는 역할을 수행할 수 있다는 점을 감안하면 한국을 버리는 것은 쉽지 않은 선택이다. 애치슨라인이 처음 그어졌을 때 동북아는 전략적으로 중요한 지역이 아니었다. 일본과 중국 모두 그렇게 중요한 국가가 아니었고 한국은 자력으로는 한일합방에서 벗어나지 못했을 정도로 형편없는 국가였다. 한국 방위를 포기하더라도 일본 정도만 자기편으로 끌어들여놓고 있으면 언제든지 동북아에 다시 발을 들이밀 수 있다고 봤을 것이다. 어쩌면 동북아에서 한국의 전략적 가치를 감안할 때 해방 후 세계 최빈국을 우방으로 지키기 위한 비용을 투입하는 것이 쓸데없는 짓이라고 판단했을 수도 있다. 동북아는 별로 중요한 지역이 아니었고, 그중에서 한국은 정말로 일고의 가치도 없는 나라였다. 그러나 지금은 동북아와 한국이 모두 당시와는 다르게 중요해졌다. 미국의 글로벌 전략에서 동북아는 절대로 포기할 수 없는 지역이 되어버렸고, 한국은 약방의 감초 역할을 그럴듯하게 수행하기에 충분할 정도로 비중 있는 국가가 되었다.

사실 2008년 콘돌리자 라이스의 발언은 당시 국내에 거세게 불었던 반미 바람에 대한 일시적인 반응이라고 보는 것이 타당하다. 한국에서는 노무현 대통령 재임 시기 '미선이-효순이와 미군의 무한 궤도차량' 사건으로 반미의 바람이 불기 시작했다. 이런 반미 바람으로 인해 한국과 미국 사이에 거리가 생기기 시작했는데, 이런 관계를 복원하기 위해 추진한 MB 정부의 FTA 및 쇠고기 수입재개 결정이 광우병 역풍을 맞게 된 것이다. 국민의 먹거리를 도외시하는 듯한 정책과 미국 쇠고기 수출업자들의 적반하장격 반응에 이명박 대통령의 발언까지 더해지면서 국민감정이 격앙되었고 대대적인 촛불집회가 열렸다. 사실 내용만으로 보면 꼭 그렇게 했어야만 할 일이아닐 수도 있었는데, MB 정부가 국민들에게 시쳇말로 '완전 비호감'이어서 문제가 된 것이다. '고소영, 강부자'의 친親기득권 성향, 감세 및 고환율의 친대기업 정책 같은 서민정서와 동떨어진 정부가 되다 보니 아무리 좋은 일이라고 해도 국민의 반응이 나쁠 수밖에 없었다. 뺨 때려주길 기다리고 있는데, 광우병 파동이 터진 것이다. '국민이야 광우병으로 죽든 말든 FTA 추진해서 제조 대기업 배만 불려주면 되는구나' 하는 생각이 들 수밖에 없었다. 촛불을 들고 일어난 것은 NGO 진보세력이나 야당 국회의원들이 아니었다. 여중생, 여고생들이 문자 메시지로 촛불집회를 결성했고, 30대 직장인과 주부들이 동참하기 시작했다. 대통령에게 충성한다고 경찰청에서 '명박토성'을 쌓은 것은 더 큰 화근이 되었다. 이명박 정부는 국민적 혐오의 대상이 되었고, 쇠고기를 팔기로 한 미국도 덩달아 미움을 받을 수밖에 없었다. 이때 미국은 한국 국민의 반미 정서를 보았다. 마치 중동에서 보는 것과 비슷한 모습이었다. '한국은 동맹이 될 수 없겠구나' 하고 생각했을 터이다. 하지만 감정을 건드리면 불같이 일어나지만 금세 뒤끝 없이 가라앉는 우리 국민들의 정서에 대한 미국 정치인이나 정부 관리들의 이해가 부족했던 탓에 내린 결론이었다.

이제는 미국이 상황 파악을 제대로 하기 시작한 것 같다. 2010년 6월 오바마 대통령은 캐나다 토론토에서 열린 G20 정상회의에서 "한·미 동맹은 한국과 미국뿐만 아니라 태평양 전체 안보의 린치핀lynchpin이다"라고 언급하면서 조지 부시 행정부 국무장관이었던 콘돌리자 라이스의 발언을 번복하고 나섰다. 린치핀은 수레 축에서 바퀴가 빠지지 않도록 끼워넣는 핀을 말한다. 조직 등에서 중핵을 이루는 중요 인물이라는 뜻도 있다. 이 말을 해석하면 한반도는 수레 축이나 바퀴처럼 중요한 국가는 아니지만 그것들이 문제없이 돌아가도록 하기 위해 없어서는 안 되는 안전장치, 즉 균형추인 셈이다. 이번 박근혜 대통령의 방미에 대해서도 백악관 대변인은 2013년 4월 15일에 "아시아·태평양지역의 평화와 안보의 린치핀으로서 한·미 동맹의 중요성을 확인하는 것"이라는 성명을 내면서 한반도에 대한 균형추로서의 시각을 거듭 확인했다. 특히 미국은 일본의 군국보수화가 표면화되면 될수록 균형추 한반도가 더 필요할 것이다. 지난 2012년 힐러리 클린턴 국무장관은 미 국무부 고위관리로부터 일본 관련 보고를 받으며 "미국의 모든 문서와 성명에 '종군위안부comfort women' 대신 '강제적 성 노예enforced sex slave'라고 쓰라"고 지시하기도 했고, 2013년 4월 26일 윌리엄 번스 미 국무부 부장관은 일본의 야스쿠니 신사참배와 역사 왜곡에 대해 "일본이 가장 중요한 동맹은 아닐 수도 있다"고 밝히고 나섰다. 물론 일본의 군국보수화 경향만을 참고로 하는 것은 아니다. 중국과 한국의 변화하는 위상을 반영한 것이라고 봐야 한다.

균형추로서 한국의 필요성은 미국 정부 관리들의 여러 다른 발언에서도 확인이 가능하다. 오바마 행정부는 한국을 대륙에 있는 국가 중에서 유일한 미국의 동맹국으로 보고 있다고 한다. 또한 미·일 동맹의 중요성을 인정하지만, 아시아가 많이 변모하고 있고 중국이 중요한 국가로 부상하고 있으며, 일본의 잘못된 역사인식으로 동북아시아에 큰 혼란이 발생하는 것을 우려하고 있다고 한다. 린치핀 또는 균형추라는 인식이 너무나 정확한 대목이다. 이와 같은 인식은 실제로 미국의 대 북핵 전략에서도 여실히 드러나고 있다. 1998년 작성된 작계OPLAN 5027-98은 북한의 도발 징후가 포착될 때를 상정해 선제 타격으로 전략을 바꿨다. 9·11 테러 직후인 2002년판 작계 5027-02는 미국의 새로운 안보독트린에 따라 대량살상무기WMD를 개발하는 북한의 김정일에 대한 암살작전과 '한국과 상의 없는' 북한에 대한 선제적 국지 타격preemptive surgical strike을 포함하고 있다고 한다. 북핵을 생각하면 미국은 당장 북한에 대해 선제적 국지 타격을 감행해도 모자랄 지경이다. 중동지역 불안 문제 때문에 북한과의 전면전은 어렵다고 하더라도 핵시설에 대한 국지 타격은 얼마든지 가능하다. 실제로 노무현 정부 때 미국이 선제적 국지 타격을 감행하려고 했다는 설도 있다. 미국이 그렇게 하지 않은 이유는 남한의 존재 때문이라고 볼 수 있다. 남한의 반대가 아니더라도 남한이 입을 타격을 고려하면 선택할 수 없는 대안이 된다. 남한을 망가지지 않은 남한, 즉 균형추로서 기능을 할 수 있는 남한으로 가져가고 싶은 미국의 이해가 표출된 것이라고 봐야 한다.

결론적으로 보면 미국은 한반도의 통일을 원할 수 있다. 당연히 남한 주도의 통일이다. 다만 통일 이후에 한반도에 들어설 정부가 누구의 편에 설 것인지는 여전히 우려되는 바일 것이다. 미국의 편에 선다는 보장이 없기 때문이다. 통일한반도가 누구의 편에 서게 될 것인지는 결국 국민적 컨센서스에 의해 결정될 것인데, 미국은 콘돌리자 라이스 국무장관이 지적한 대로 매향리의 미선이와 효순이 문제에 대해서만 감정적으로 폭발하고 참수리호에서 전사한 윤영하 소령은 기억도 하지 못하는 한국의 국민적 정서에 주목하고 있다. 한국이 역사적으로 중국의 위성국가였다는 점에도 주목하고 있다. 원교근공의 외교원칙에 따라 한국이 중국에 붙을 것이라고 보지는 않지만, 그래도 미국으로서는 확실한 반쪽과 불확실한 온쪽 사이에서 위험한 선택을 할 수밖에 없게 되었다.

한반도 통일에 대한 중국의 입장을 따져보기 위해서는 중국과 한반도 간의 역사적 유대관계를 감안해야 할 것이다. 중국만큼 한민족의 속성을 잘 아는 국가는 없을 것이다. 일본도 중국만큼은 아니다. 중국은 역사 이래로 중국의 변방 민족들을 나름 관리해왔는데 때로는 무력으로, 때로는 기미지배의 형태로, 때로는 이이제이의 방법을 동원했다. 중국은 변방 민족들의 속성을 상세하게 파악하고 있었던 듯하다. 돌궐 내부의 민족적 상이성을 이용하여 동-서 분리를 유인하고, 서돌궐을 사주하여 동돌궐을 멸망에 이르게도 했다. 한반도에 대해서도 고구려, 백제, 신라의 3국 대립관계와 민족성의 차이까지 감안했을 것이다.

외교는 기본적으로 원교근공이 제1 원칙이다. 그렇다면 북한과 적대적 관계로 가고 남한과 우호적 관계를 맺어야 마땅하다. 나당 연합군의 결성도 그런 연유에서 설명이 가능하다. 중국의 입장에서는 호전적인 고구려보다는 말을 잘 듣는 신라가 상대하기가 쉬웠을 것이다. 하지만 현실은 교과서와 다소 다르게 돌아가고 있다. 중국은 북한과, 남한은 미국과 연대를 맺고 있다. 지금 중국은 한반도에서 '순망치한'의 외교 노선을 견지하고 있다. 다른 말로 하면 한반도를 완충지대로 삼고 있는 것이다. 중국은 북한이 공산주의 혁명을 함께한 나라이고 피를 나눈 동지이기 때문에 조중동맹朝中同盟을 유지하는 것이 아니다. 미·일 연합에 대해 대리전을 치러주기 때문이다. 중국의 한반도 통일에 대한 생각이 바뀌기 위해서는 완충지대로서의 북한의 필요성이 사라져야 한다. 바로 이 부분에서 중국과 미국의 입장이 갈린다. 미국은 완충지대보다는 균형추로서의 한반도를 원할 수밖에 없다. 미국은 한반도 세력 균형의 직접 당사자가 아니고 조정자다. 패권국가 미국의 동북아 전략은 일·중·러 3강의 세력 균형을 조정하는 것이다. 이에 반해 중국은 동북아의 조정자가 아니라 당사자다. 당사자에게 있어서 완충지대는 꼭 필요한 존재다. 그러나 균형추는 달갑지 않은 골치 아픈 존재가 된다. 비슷한 세력을 가진 일본과 대치하는 상황에서 완충 역할을 해줄 지역으로서 한반도를 원한다. 그렇기 때문에 중국은 북한의 붕괴를 손 놓고 쳐다보고 있지만은 않을 것이다.

물론 중국은 더 이상 북한과 혁명 1세대만큼 끈끈한 관계는 아니다. 3대까지 세습하는 체제는 이미 중국도 용인할 수 없다. 그러나 세습 체제라고 해도 잘 유지만 되어준다면 중국의 국익에는 득이 된다. 북한에서의 세습이 중국 인민의 사회후생을 깎아먹는 것도 아니다. 오히려 북한의 세습 체제는 경제적 어려움의 원인이 되고, 그것은 북한이 중국에 의존적일 수밖에 없도록 만든다. 확실한 완충지대가 될 수 있다. 반대로 정상적으로 권력 승계가 이루어지면 경제적으로 번영할 기회를 잡게 될 텐데 그때도 북한이 중국 편에 설 것인지는 알 수 없다. 근공원교의 이치를 적용한다면 오히려 적대적 관계가 될 가능성이 크다. 이것이 중국이 북한 지원을 끊지 못하는 본질적인 이유다. 북한이 대륙간 탄도탄을 발사하면서 국제사회에 문제를 일으키는 것은 중국도 원하지 않는다. 북한 핵보유는 미국보다 먼저 나서서 말리는 입장이다. 그렇지만 중국은 북한에 대한 원조를 끊지 못한다. 북한이 붕괴되면 중국의 이가 시리게 될 것이기 때문이다. 북한도 이러한 중국의 이해득실 관계를 너무나 잘 알고 있다. 그래서 핵실험까지 강행하는 용기를 낼 수 있는 것이다.

중국은 통일한반도가 싫다. 그냥 지금처럼 갈라져서 잇몸 노릇을 해주면 좋겠다. 완충 국가로서 계속 남아주기를 바란다. 그럼에도 불구하고 한반도가 통일한다고 나서면 반대할 명분은 없다. 그래서 남과 북이 통일의 움직임을 보인다면 사전에 중국말을 잘 듣는 새로운 지도부로 북한 정권의 교체를 시도할 가능성이 크다. 할 수만 있다면 무력으로 침입하는 방법도 고려할 것이다. 그래도 한반도가 통일을 하겠다고 나설 경우 중국의 고민은 깊어지게 된다. 우선 통일한반도가 중국의 편일 가능성은 거의 없다. 통일한반도가 중국 편에 붙을 가능성에 대해 미국이 저울질하는 것은 한민족을 잘 모르는 결과다. 5,000년을 옆집으로 붙어서 살아온 중국이 보는 바로는 통일한반도가 중국 편으로 붙지 않을 것이 확실하다.

우선 고구려의 후예는 호전적이고 공격적이다. 한때 만주에서 맹위를 떨쳤던 기마민족이고 유목민족의 기질도 다분히 지니고 있다. 북한이 지금은 남한의 위협과 경제적 어려움으로 중국과 공동보조를 취하고 있다. 아직도 어쩔 수 없이 중국에 손을 벌린다. 한사군이나 안동도호부를 설치하지는 않았지만 그 옛날 고려나 조선시대에 그러했던 것처럼 아직도 중국의 직접적인 영향력 하에 있다. 중국이 지원을 끊어버리면 바로 쓰러질 나라다. 조중동맹도 유효하다.

21세기에 속국을 운운하기는 그렇지만 요즘말로 위성국가라고 불러도 지나치지 않겠다. 그러나 역사적 경험을 통해 보건대 그와 같은 문제들로부터 자유로워지는 순간 북한은 틀림없이 중국과 대립각을 세울 것이고 한발 더 나아가 간도의 영유권까지 주장하고 나설 것이다. 중국은 남한에 대해서도 그리 편한 기분만은 아니다. 불과 몇 십 년 전까지만 해도 한반도는 중국에 머리를 조아리던 속국이었는데 지금은 고개를 빳빳이 들고 마주보다 못해 중국을 우습게 본다. 중국보다 조금 먼저 경제발전을 이룩했다고 중국을 미개한 국가 취급한다. 사실 중국 경제개발 초기에 남한의 경제발전 모델을 벤치마킹하기는 했고 또 남한의 투자를 끌어오느라 애를 쓰기도 한 것은 사실이다. 하지만 이제는 다르다. 경제력에서는 남한에 뒤지지 않는다. 1인당 GDP는 적지만 경제 규모는 남한을 뒤집은 지 오래되었다. 아직 남한이 첨단기술 제품 측면에서 앞서고 있지만 그것도 조금만 더 지나면 따라잡을 수 있다. 중국이 경제발전 초기에는 어쩔 수 없이 참았지만 이제는 남한 사람들의 으스대는 꼴을 봐야 할 필요가 없다. 이런 것이 공한증恐韓症에서 혐한증嫌韓症으로 바뀌고 있는 중국 사람들의 속내가 아닌가 싶다. 한마디로 남한을 인정하기 싫은 게다. 중국에게 남한은 경제적 파트너일 뿐이다.

중국은 동이족이 막강한 세력으로 부상하는 것을 원하지 않는다. 중국에 대해 사대주의적이고 온순한 정부가 들어선다면 모를까, 호전적이고 대립각을 세우는 나라가 힘도 커지는 것은 싫을 수밖에 없다. 역사적으로 한반도는 중국에 그리 호락호락했던 나라가 아니라는 것을 중국도 잘 기억하고 있다. 더구나 한반도는 중국의 앞마당이다. 균형추는 걸리적거린다. 그렇다고 마음대로 때릴 수도 없다. 과거 역사를 보면 한반도를 때려서 이기기는 했지만 종국에는 한반도가 여전히 살아남아 있고 오히려 침공했던 중국 왕조들이 국력을 탕진한 결과로 망했다. 한반도 혼자만 있어도 때리기가 여간 어려운 것이 아닌데 뒤에 미국까지 버티고 있다. 여차하면 일본도 뛰어들 태세다. 통일 안 된 완충지대가 좋을 수밖에 없다.

그럼에도 불구하고 한반도가 자체적으로 통일을 시도한다면 그때는 어쩔 수 없다. 한반도 통일을 반대하고 나설 경우 중국의 대만 통일도 명분이 서지를 않는다. 경제 측면에서 남한과 중국 간의 수직적 분업관계가 마무리되고 중국이 하나의 독립적인 거대 시장으로 자리 잡을 즈음에는 경제력을 가지고 어느 정도 컨트롤할 수 있을 것이라고 볼 것이다. 시장을 닫아버리는 순간 한반도 경제는 한순간에 무너질 수도 있다. 그러나 중세시대도 아니고 요즘 세상에 시장을 가지고 다른 나라를 공격할 수 없다. 비난이 쇄도할 것이다. 센카쿠열도 분쟁 시의 토요타 불매운동처럼 무리수를 써서라도 시장을 닫아버릴 수는 있다. 그러나 한반도를 지원해주는 서방세계들이 있는 한 그 효과는 제한적일 수밖에 없다. 한반도가 중국보다는 미국과 가까운 사이가 되는 것은 감수해야만 할 것이다. 중국은 그럴 경우를 대비해서 동북공정을 미리미리 해놓는 것이다. 고구려

한반도의 미래에 관한 대담한 생각

를 중국의 역사로 편입해놓음으로써 간도를 둘러싼 분쟁의 소지를 사전에 예방하자는 취지다.

전통적인 의미에서 기존의 동북아 역학구도만을 감안한다면 지금까지의 분석은 그대로 맞아떨어진다. 그러나 기존 역학구도에 변화를 주는 요인이 발생했다. 바로 북핵의 존재다. 북한이 핵을 보유하지 않는 상태와 보유하고 있는 상태는 완전히 다르다. 러시아는 북한의 핵보유를 원할 리가 없다. 국제사회가, 특히 미국이 북한의 핵보유를 인정하는 순간 일본과 한국으로의 핵 도미노를 막을 명분이 없다. 일본과 한국은 핵무기를 핵무기 형태로 보유하고 있지 않을 뿐이지 사실상 핵보유국가다. 일본은 방사성 폐기물을 재처리한 플루토늄 형태로 보유하고 있다. 한국은 실험용 원자로를 가동하다가 IAEA의 사찰에 걸린 적도 있다. 더구나 한국과 일본은 세계에서 가장 많은 원자력발전소를 가동하는 나라들이다. 현재 일본과 한국이 보유한 기술 수준이면 핵무기를 만드는 것은 결단의 문제일 뿐이다. 핵무기로서의 실험을 한 적은 없지만 그 사실이 그리 큰 문제가 되는 것은 아니다. 오히려 실험을 해본 적이 없어서, 두세 개 중 하나만 터질 경우라도 아무도 그런 러시안룰렛을 하고 싶지는 않을 것이다.

이미 일본은 군국보수화 경향을 보이고 있어서 북한 핵문제가 일본 정치인들에게는 호재로 작용하고 있다. 북한은 국제사회가 인정해주지 않고 있을 뿐 사실상 핵보유국이다. 일본도 언제든지 핵보유국의 길을 걸을 수 있다. 북한과 직접 국경(?)을 맞대고 있는 남한도 핵보유를 추진할 가능성이 크다. 미국의 고민은 여기에서 시작된다. 북핵을 인정할 수는 없는데, 타격을 가하자니 중동과 동북아에서 동시에 전선을 벌일 수는 없다. 또한 남한의 피해도 감안하지 않을 수 없다. 그리고 무엇보다도 결정적으로 미국의 북한 본토 타격은 필연적으로 중국의 개입을 초래할 가능성이 큰데, 이것이 자칫하면 제3차 세계대전으로 번지게 될 수도 있다. 물론 미국이 국지 타격surgical strike임을 미리 선포하고 타격을 할 것이고, 육상군은 상륙하지 않은 채 공중 타격으로 진행할 것이다. 그러나 국지 타격을 받는 순간 북한은 남한과 일본을 향해 조준되어 있는 장사정포와 미사일의 스위치를 누를 것이다. 그것이 얼마나 파괴적인 결과를 초래할 것인지는 굳이 설명을 덧붙일 필요가 없겠다. 동북아 군비 수준을 보면 아마도 제3차 세계대전은 기존의 어떤 전쟁과 비교해도 충격이 클 것이다. 미국에게 있어서 북한이 얼마나 골치 아프고 또한 마땅한 해결 방안도 없는 것인지 알 만하다. 어찌되었든 미국은 현재의 동북아 역학구도 변화를 보다 빨리 추진할 수밖에 없는 상황이 되었다. 핵을 보유한 완충지대보다 핵이 없는 균형추가 더 좋을 것이다. 물론 그 균형추가 100% 친미가 되지는 않을 수도 있으나 핵을 보유한 완충지대보다는 바람직하다.

　　중국의 셈법에도 심각한 변화가 발생했다. 북한의 핵개발을 중국이 용인했는지 아닌지는 이미 중요한 이슈가 되지 못한다. 중요한 것은 지금 현재 중국이 북한 핵을 용인할 수 없다는 점이다. 북한의 권력구조는 매우 불안정한 상태다. 3대 세습의 지배구조는 말할 것도 없다. 더구나 일본의 군국화 움직임도 수상한 상태다. 2013년 5월 5일 인도를 방문한 일본의 아소 다로 부총리는 "1,500년에 걸쳐 중국과의 관계가 매우 부드러웠다고 할 수 있는 역사는 없다. (중략) 중국은 해군력을 확장하고 있다"며 중국에 대한 인식의 일단을 드러낸 바도 있다. 동아시아 정세가 점차 불안정한 국면으로 접어들고 있는 이때 북한이 도화선으로 작용할 수 있는 그 어떤 행동을 취하는 것도 원하지 않을 것이다. 중국은 북한을 예의주시하면서 판단하고 있을 것이다. 중국이 북한을 용인할 수 있는 범위 내에서 컨트롤할 수 있을 것인지, 컨트롤이 가능하다면 현재의 구도를 유지해갈 것이고, 그렇지 않다면 현재의 구도에 변화가 발생할 것이라고 봐야 한다. 중국이 구도 변화를 추진한다면 새로운 구도는 어떤 형태가 될 것인지가 우리의 관심사일 수밖에 없다. 또한 그러한 구도 변화가 당초에 의도했던 대로 이루어질 것인지 아니면 당초에 전혀 생각도 하지 않았던 방향으로 사태가 발전되어갈 것인지가 중요한 문제다.

우선 중국은 북한에 대해 어느 정도 통제력을 발휘할 수 있을 것인가. 중국이 북한에게서 핵포기를 이끌어낼 수 있을 것인가. 중국은 미국이 남한에 대해 사용하는 수법과 동일한 수법을 사용할 수 있을 것이다. 북한이 핵보유를 고집한다면 방위조약도 지키지 않을 것이며 경제적으로도 고립을 각오해야 할 것이라고 협박을 하는 동시에 핵보유를 포기하면 방위조약도 지켜주고 경제적 지원도 약속하는 당근을 제공할 수 있다. 하지만 이런 채찍과 당근은 남한에는 통하지만 북한에는 통하지 않는다. 핵보유를 주장하고 있는 북한으로서는 조중동맹이 중요하기는 하지만 한미 방위조약만큼 절실한 것은 아니다. 더구나 남한은 경제적으로 잃을 것이 많은 반면 북한은 더 이상 잃을 것이 없다. 북한은 이미 중국의 통제 범위를 상당 부분 벗어났다. 물론 조중동맹이 어느 정도 유효한 통제수단으로 의미를 가지기는 하지만 북한도 중국이 완충지대를 원하고 있다는 점을 악용하고 있다. 북한은 중국에 대해서도 벼랑끝 전술을 펴고 있을 것이다. 북한이 비이성적 행동을 한다면 중국도 동북아의 격렬한 포화 속으로 끌려들어올 수밖에 없다는 점을 악용하고 있을 것이다. 다만 북한은 중국이 현재의 지배체제에 변화를 가져오는 전략을 채택하는 것이 이익이라는 판단이 들 때까지 중국을 밀어붙이지는 않을 것이다. 과거 중국의 역대 왕조가 한민족에 대해 가장 싫어하는 면이 바로 이런 외교 전략이 아니었을까 추측해볼 수도 있겠다.

　어느 시점에서는 중국도 북한을 포기하겠다는 결정을 내릴지도 모른다. 북한의 외교 전략이 중국의 이해관계와 완전히 어긋나는 실수를 저지르거나, 중국이 북한의 지긋지긋한 외교 전략을 더 이상 참아내지 못하는 경우다. 역대 중국 왕조가 한반도를 침공한 것도 이런 이유들에서가 아닐까. 이럴 경우 첫 번째로 상상할 수 있는 경우의 수는 북한의 지배체제만 바꾸는 것이다. 북한에 친중국 성향의 새로운 정부를 세우는 것이다. 중국은 틀림없이 이런 경우도 하나의 전략적 옵션으로 상정하고 있을 것이다. 우리도 과거 박정희 대통령 시절 핵개발을 추진한 적이 있었다. 당시 핵시설은 박정희 대통령 서거 이후 미국에 의해 철거되었다. 이후 전두환, 노태우 대통령을 거치는 사이 한국은 비핵화를 선언하게 되었다. 북한도 비슷한 프로세스를 거치면서 비핵화를 선언하도록 만들 수 있다. 중국이 이런 옵션을 상정하고 있을 가능성이 전혀 없다고는 말할 수 없다. 만약 그렇게 될 수만 있다면 미국의 암묵적 용인도 받아낼 수 있다. 북한의 핵문제를 깔끔하게 정리할 수 있는 옵션이다. 하지만 이 전략에는 결정적인 한계가 있다. 계획했던 것과는 전혀 다른 방향으로 일이 진전될 수 있다는 점이다. 북한의 지배체제 변화를 추진하는 과정에서 북한이 붕괴할 가능성이 매우 크다. 이 경우 북한에 급변 사태가 발생하면서 당초 뜻하지 않던 통제불능 상황이 올 수 있다. 다른 한편 북한에 급변 사태가 발생하지 않더라도 새롭게 들어선 북한 정부가 남한과 손잡고 중국을 향해 장사정포와 미사일을 겨누는 상황이 올 수도 있다. 북한의 지배체제 개편은 중국으로서는 쉽게 꺼내들 수 있는 옵션이 아니다. 어쩌면 최후의 수단이 될 것이다.

이제는 북한의 입장을 이야기해야 할 때가 되었다. 북한의 첫 번째 관심사는 체제 보장이다. 북한의 경제력이 남한보다 우위에 있던 1970년대까지 체제를 걱정하던 측은 북한이라기보다 남한이었다. 그러나 1980년대 들면서 경제력이 역전되기 시작하고, 1990년대 들면서부터는 그 격차가 메우기 어려운 수준이 되었다. 1990년대부터는 북한이 체제 보장을 염려해야 하게 되었다. 경제력 격차로 인해 군비 경쟁을 벌일 수 없는 상태가 되었기 때문이다. 북한은 비대칭 군사력으로 전략을 수정했다. 휴전선 근방에 장사정포를 집중 배치해 소위 '물귀신 게임'을 시작한 것이다. 남한이 북한을 공격하면 '서울을 불바다로 만들겠다. 죽어도 혼자 죽지는 않겠다'는 협박인 셈이다. 그렇지만 군비 부담을 이겨내지 못하고 경제가 더 쪼그라드는 악순환에 빠졌다. 어떤 형태의 것이라도 군비 경쟁을 지속할 수 없게 되었다. 더 이상 재래식 무기에 의존하는 체제 보장은 불가능한 단계에 접어들었고, 비용이 저렴한 핵무기 개발로 방향을 잡은 것이다. 북한이 핵무기 개발을 중단할 리는 없다. 어떤 경제적 대가와도 바꾸지 않을 것이다. 그들이 주장하는 '핵보검'은 바로 '핵보험'이기 때문이다.

핵무기 개발을 가지고 북한이 노리는 것은 그 다음 단계다. 핵실험을 몇 번 했고 대륙간 미사일도 실험에 성공했으니 북한을 핵보유국으로 인정해달라는 주장이다. 물론 미국은 겨우 실험 몇 번 한 것을 가지고 핵보유국이라고 인정할 수는 없다는 입장이다. 한때는 국지 타격도 검토했을 정도다. 북한에 대해 핵보유국 지위를 인정하면 아시아 핵 도미노를 감당할 수 없다. 일본과 한국이 핵무장에 나선다면 NPT는 그것으로 끝장이다. 따라서 미국은 북한 핵을 인정하지 않을 것이다. 하지만 북한으로서는 체제의 명운이 걸려 있는 문제이기 때문에 끝까지 주장할 것이다. 핵이 없더라도 핵보유국이라고 허풍을 치면서 체제를 보장해달라고 우길 속셈이다. 그러면서 미국에 대해서는 북미 간 수교를 하고, 경제 봉쇄를 해제해달라는 입장이다. 어쩌면 베트남과 같은 대우를 원할 수도 있다.

일본에 대해서는 대일청구권과 함께 안보의 대가로 추가적인 경제적 지원을 얻어낼 수 있다고 생각한다. 한국은 북한의 입장에서는 그저 잘사는 친척에 불과할 뿐이다. 관계 정상화는 북미 간에 이루고, 경제적 지원을 위한 돈줄은 남한이 대는 형태가 될 것으로 생각하는 것이다. 중국은 물론 1선 지원국이다. 비록 3세대로 내려오면서 변심하려는 모습이 보이기는 하지만 그렇다고 관계를 정리할 수도 없는 입장이다. 러시아는 비상시의 2선 지원국 정도가 될 것이다. 물론 2선 지원국 역할을 얼마나 해줄지는 알 수 없지만, 쬐다 말면 아쉬워지는 오뉴월 겻불 정도는 될 것이다.

MB 정부의 통일 실험

"통일이 가까워졌다고 말하고 싶다.
오해를 살까 봐 말을 안 하지만 그렇게 오래 걸리지 않을 것이다."

2011년 6월 21일 민주평화통일자문회의 다과회에서 MB가 한 말이다. MB는 또 이렇게도 말했다고 한다. "국력이 합해졌을 때 새로운 길을 모색할 수 있으며, 남북이 협력하고 신뢰할 수 있도록 해야 한다." "통일이 되면 한 번 더 크게 융성할 수 있다고 생각한다. 대한민국은 분단된 국가라 국방비만 안 써도 굉장할 것이다." MB는 수차례에 걸쳐서 이와 유사한 발언을 했다. 자세한 내용을 곁들인 설명이 아니고, '통일이 그리 오래 걸리지 않을 것'이라고 전후 사정에 대한 아무런 보충 설명 없이 뎅강 잘라 내뱉은 것이라서 어떤 근거로 그렇게 말한 것인지 명확하지는 않다. 하지만 MB 정부의 당시 대북 인식을 생각해보면 북한의 급변 사태를 염두에 두고 한 말이라는 것이 확실하다. 북한이 급변 사태로 내부 붕괴될 경우 남한 주도의 통일을 추진하겠다는 의중이었을 터이다. 미군의 개념계획인 작계 OPLAN 5029와도 맥이 닿아 있다.

한국 보수 계층의 통일에 대한 생각을 들여다보면 계획 자체는 정교하게 짜여 있다. 계획대로만 된다고 하면 통일은 바로 눈앞에 있는 것 같다. 문제는 계획만 번드르르하고 현실성은 결여되어 있

한반도의 미래에 관한 대담한 생각

다는 점이다. 통일론의 기본적인 전제가 현실을 반영하지 못하는 사상누각이기 때문이다. 남한의 네오콘들이 금과옥조처럼 여기는 작계 5029도 마찬가지다. 그것은 순전히 북한의 체제 급변 사태가 발생할 경우를 대비한 개념계획이다. 그럴 경우를 대비해서 시나리오를 하나 만들어놓는 것은 나무랄 이유가 없다. 국방이란 모든 경우의 수를 다 따져서 철저하게 준비해야 하기 때문이다. 그러나 북한의 급변 사태 시나리오를 상정해 만들어놓은 작계 5029가 우리 네오콘들에게는 통일 계획이 되었다. 북한 체제를 흔들어서 붕괴를 유도하고 흡수통일을 달성하겠다는 대북 정책이 된 것이다. 그러나 북한 급변 사태는 쉽게 발생하지 않는다. 북한이 수십 년 동안 심혈을 기울여서 갖춰온 지배체제에 중국의 뒷받침이 더해지는 상황에서 급변 사태는 오지 않는다고 보는 것이 현실적인 생각이다. 중국도 북핵 문제로 인해 현재의 지배체제에 변화를 가져오는 정책을 심각하게 고민하고 있는 듯하다. 그러나 이미 살펴본 바와 같이 지배체제 변화는 중국의 입장으로서는 최후의 순간에나 사용할 수 있는 옵션에 불과하다.

　가능성이 별로 크지 않은 옵션을 두고 곧 일어날 일인 것처럼 판단 착오를 저질렀던 셈이다. MB는 같은 회의에서 "통일은 도둑처럼 몰래 다가올 것"이라고도 말했다고 한다. 당장 통일이 될 것처럼 판단한 것이다. 이것은 MB 정부 5년 동안 대북 관계가 뒷걸음질 치게 된 결정적인 인식 착오가 되었다. 북한의 체제 급변 사태로 곧 통일이 될 수 있다고 판단했기 때문에 인도적 지원까지 포함해 대북 지원을 일체 중단했던 것이다. 금강산 관광객 박왕자 씨의 피격 사태도 비슷한 맥락에서 이해해야 할 것이다. 박왕자 씨의 피격은 당사자나 가족에게는 가슴 아픈 일이었고, 국민들로서는 충격적인 사건이었다. 군인끼리의 충돌에 의한 전사도 아니고, 단순 사고사도 아니었다. 민간인 관광객을 총으로 사살하는 일이 벌어졌고, 북한으로서는 입이 열 개라도 할 말이 없는 일이었다. 당시 박왕자 씨가 어떤 실수를 했고, 군인으로서는 제 임무를 다한 것이라는 등의 북한 입장에 관한 이야기가 있었지만 그 모든 것은 단지 변명일 뿐이다. 어떠한 일이 있더라도 군인에 의한 민간인 사상 사태는 있어서는 안 되었다. 하지만 MB 정부가 그 사태를 정치적 목적으로 활용하지 않았다고 말하기는 어렵다. MB 정부는 북한에 대한 지원을 끊을 핑계만 찾고 있었다. 무슨 구실을 찾아서라도 북한을 경제적으로 압박할 수단을 찾았던 것이다. 이럴 때 박왕자 씨 사태가 발생했으니 얼마나 고마운 일이었을까. 울고 싶은데 뺨 맞은 격이었다. 개성공단도 문을 걸어잠그고 싶었을 것이다. 그러나 개성공단은 북한을 자본주의화한다는 명분을 가지고 있었고, 입주기업들도 있었기 때문에 쉽게 문을 닫을 수 없었다. 제2의 박왕자 씨 사태가 발생했다면 개성공단도 문을 닫았을 것이다. 그런 일이 없다 보니 개성 시내관광만 문을 닫는 선에서 사태를 일단락할 수밖에 없었을 것이다. 북한에 대한 지원을 끊고 북한이 붕괴되기만 기다렸으나 북한은 붕괴되지 않고 잘도 버티고 있었다. MB 정부 5년간 남북 관계가 원점으로 뒷걸음치기만 하고 통일로는 한걸음도 진전할 수 없었던 이유다.

MB 정부의 '비핵, 개방, 3000' 정책도 겉으로는 그럴듯해 보이지만 내용의 측면에서는 치명적 결함을 가진 정책이었다. 우선 북한의 '비핵'은 온 국민이 원하는 것이다. 누구도 반대할 리 없다. 다음 '개방'도 북한 경제발전을 위해서는 필요한 정책이다. 현대의 경제에서 개방이 없이 자급자족하는 경제autarchy로는 살아갈 수 없다. 비단 남한뿐만 아니라, 중국의 개혁개방이나 베트남의 도이모이 정책을 보더라도 북한 경제가 활로를 찾기 위해 개방은 필수적이다. 이렇게 되면 북한이 1인당 '3000'달러의 국민소득을 달성하도록 남한이 돕겠다는 것이다. 얼마나 그럴 듯하고 귀를 솔깃하게 만드는 정책인가.

하지만 '비핵, 개방, 3000'은 북한과 경제협력을 하지 말자는 주장과 다름없다. 비핵, 개방, 3000은 서로 독립적인 사상으로 추진되는 것이 아니라 비핵과 개방이 3000의 전제조건으로 제시되어 있는 것이다. 3000이 비핵과 개방으로부터 독립적이라면 북핵 문제나 개방 여부와 관계없이 북한 경제개발을 위한 남북한 경제협력을 추진할 수 있다. 비록 북한이 개방을 원하지 않는다고 하더라도 3000 달성을 위한 남북한 경제협력 과정에서 어느 정도 개방을 유도해낼 수도 있다. 그러나 MB 정책은 비핵과 개방을 3000의 전제조건으로 걸고 있다는 점이 문제다. 북한은 정권의 명운을 핵에 걸고 있다. 남한과 북한의 경제력 격차가 지금처럼 벌어져 있는 한 북한은 남한의 국방비 투자를 따라갈 방법이 없다. 북한의 1인당 국민소득은 최소 300달러에서 최대 1,000달러 수준이다. 1,000달러로 인정해줘도 남한의 20분의 1에 불과하다. 여기에 북한의 인구가 남한의 60% 수준이라는 점까지 감안하면 북한의 경제력은 남한의 35분의 1 정도에 불과한 실정이다. 북한이 GDP의 50%를 국방비에 투자한다고 해도 남한의 국방비에 미치지 못한다. 더구나 남한과 북한의 경제력이 역전된 1975년부터 약 40년이 지난 지금까지 누적된 국방비 격차를 합산할 경우 북한은 재래식 군비 경쟁에서는 도저히 따라올 수 없는 실정이다.

실제로 북한에게는 남한의 군사훈련이 가장 짜증나는 일이다. 남한에서 전투기가 이륙하면 북한 전투기도 대응발진을 해야 한다. 남한의 군함이 NLL 근처로 이동하면 북한 함정도 대응해 이동해야 한다. 남한의 보병이 휴전선을 따라서 이동하면 북한의 보병도 함께 따라가는 척은 해야 한다. 교전수칙의 기본이다. 그러나 이런 대응발진은 모두 연료를 소모해야 하는 일이다. 남한은 경제력이 있어서 군사훈련에 필요한 연료나 물자 조달이 훈련의 제약요건이 아니지만 북한은 그렇지 못하다. 2013년 초반 북한이 핵실험 등으로 한반도 긴장을 고조시킬 때, 미국은 남한의 불안을 진정시키기 위해 스텔스 폭격기 B-2 두 대를 미국 본토에서 한반도로 출격시켰다. 이 비행기 두 대가 한반도를 왕복하는 데 소요되는 비용이 자그마치 62억 원이라고 한다. 물론 북한이 한반도 상공에서 스텔스기를 운영하고 있는 것도 아니고 남한과 북한 간의 거리가 그렇게 먼 것도 아니기는 하지만 북한도 남한에서 벌어지는 한미 군사훈련 때마다 거액의 작전비용이 들어가는 것이 사실이다. 남한에서 한미 합동훈련을 벌일 때마다 북한이 그렇게 신경질적인 반응을 보이는 것이 그런 이유에서다.

경제력 격차만큼 군사력 격차는 발생한다. 물론 경제력에서 어느 정도를 국방비로 사용하는지의 차이는 있겠지만, 일반적으로 국방비가 GDP에서 차지하는 비율이 동일하다는 것을 전제로 한다. 따라서 북한은 재래식 군사력에서는 남한과의 격차를 절대로 따라잡을 수 없다. 매년 쏟아 붓는 국방비에서도 차이가 발생하고, 1970년대 중반 이후의 누적 국방비에서도 그렇다. 이와 같은 재래식 군사력 격차를 따라잡는 방법은 철저하게 비대칭 전력으로 선택과 집중을 하는 것이다. 장사정포나 미사일 같은 무기에 집중 투자해서 남한의 주요 군사시설, 주요 글로벌 기업과 금융기관 등 민간시설들을 조준하는 것이다. 비대칭 군사력의 꼭짓점에는 핵무기가 있다. 장사정포나 미사일 그 어떤 것에도 비할 바가 아니다. 재래식 군사력을 유지하는 것보다 핵무기를 개발해 보유하는 것이 비용 측면의 우위를 가진다.

북한은 핵무기와 경제적 지원 중에서 어느 것을 우선시할 것인

가. 과거 김정일은 미국과 서방세계 몰래 핵무기를 개발하는 전략을 추진했다. 이유야 여러 가지가 있겠지만, 아직 핵이 제대로 만들어지지 않은 상태에서 핵개발 추진 사실이 알려지면 중국이나 미국에 의해 저지당할 가능성이 크다고 판단했을 것이다. 특히 핵개발을 막기 위해서라면 북한의 체제 전복이나 국지 타격도 선택 가능한 대안의 하나로 테이블에 올려놓을 것이라고 판단했을 가능성이 크다. 이제 김정은 체제로 전환되면서 북한의 핵관련 전략은 180도 바뀌었다. 핵보유 사실을 공개적으로 천명하고 핵보유국으로 지위를 인정해달라고 주문을 하고 있다. 북한은 2012년 개정헌법 서문에서 "우리 조국을 불패의 정치사상 강국, '핵보유국', 무적의 군사강국으로 전변시켰으며, 강성국가 건설의 휘황한 대통로를 열어놓았다"라고 선언하면서 핵보유국임을 명시했다. 중요한 것은 북한이 핵보유 사실을 공개적으로 천명한 상태에서 핵무기와 경제적 지원을 서로 맞바꾸는 협상을 진행하지는 않을 것이라는 점이다. 김정일 체제에서는 핵개발과 경수로를 맞바꾸는 협상이 진행되었고, 그 결과 KEDO가 탄생할 수 있었다. 물론 결과가 그리 좋게 끝난 것은 아니지만 협상은 가능했다. 하지만 김정은 체제에서는 핵과 경제적 지원이 서로 교환 가능한 아이템이 아니다. 핵은 생존권의 문제이고 경제적 지원은 배고픔을 면하는 것이기 때문이다. 경제적 지원이 없으면 배부르게 살 수는 없어도 모든 사람이 굶어죽는 것은 아니다. 따라서 경제적 지원이 1차적 선택이 될 수는 없다. 반대로 핵을 내놓으

면 체제 유지가 어려울 수 있다. 체제의 죽음을 의미한다. 두 가지가 교환 가능한 옵션이 되지 못하는 이유다.

이제 북한은 협상 테이블에 파키스탄 모델을 어젠다로 올려놓았다. 북한이 핵보유 사실을 주장하기 시작한 이후 현재까지 북한의 입장은 한 번도 바뀌지 않았다. '우리는 핵보유국이다. 그것을 인정하고 파키스탄 모델을 적용해달라'는 것이다. 북한은 한·미 정상회담을 하루 앞둔 2013년 5월 6일 '누구도 흥정할 수 없는 법적 조치'라는 제하의 〈노동신문〉 기사에서 자신들의 핵보유가 정치적 협상의 대상이 아니라는 점을 분명히 밝히고 있다. 북한은 "우리의 핵보유를 정치적 흥정물이나 경제적 거래물로 농락하려 드는 미제와 괴뢰들의 책동은 우리 공화국의 신성한 법에 도전하는 극악한 반공화국 적대행위"라고 주장하고 있다. 북한의 핵보유를 인정해주고, 비핵화가 아니라 군축으로 협상의 의제를 바꿔가자는 것이다. 핵무기는 경제적 거래물이 아니기 때문에, 협상에 걸림돌이 된다면 개성공단 폐쇄 정도는 눈 하나 깜짝 안 하고 감수하는 것이다. 개성공단에 들어오는 사람이나 물자는 막아버리고 나가는 사람은 막지 않는다는 것은 문을 닫겠다는 신호다. 공단 폐쇄의 비난을 피하기 위해 북한이 직접 문을 닫거나 체류인원을 억류시키거나 하지 않았을 뿐이다. 핵무기 타결과 함께 개성공단도 금강산 관광도 북한의 핵협상의 하위개념 정도로 보는 것이다.

북한이 핵을 국가의 명운을 결정하는 제1의 중요한 의제로 설정하고 있는 상태에서 '비핵'과 '개방'의 조건에 응해오면 1인당 국민 소득 '3000'달러를 달성해주겠다는 것은 설정 자체가 말이 되지 않는다. 물론 국제사회가 북한에도 파키스탄 모델을 적용해줄 것인지 여부는 별개의 이슈다. 그러나 최소한 MB 정부의 대북 정책은 북한으로서는 받아들일 수 없는 조건을 제시한 것이고, 결과적으로 MB 정부는 정권 5년간 한 발자국도 앞으로 나아가지 못했다. 오히려 박정희 대통령의 1972년 7·4 공동선언부터 시작하여 노태우 대통령의 북방외교, 김대중 대통령의 6·15 남북공동선언과 햇볕정책을 거쳐 노무현 대통령의 10·4 공동선언까지 35년에 걸친 노력을 수포로 만들면서 남북 관계를 원점으로 돌려버렸다.

이명박 대통령은 서울시장이던 시절 '3·3 통일론'을 주장했었다. 남한 3만 달러, 북한 3천 달러의 소득수준이 되어야 남과 북이 무리 없이 통일을 할 수 있다는 생각이었다. 당시의 생각들은 정치적 또는 체제적 관점이 개입되지 않고 순수하게 경제적인 관점에서 통일 문제에 접근하고 있었다. 여기에 몇몇 네오콘 학자들이 '비핵, 개방'이라는 전제조건을 붙이면서 문제가 되었다. 결국 MB 정부는 남북 관계와 통일에 관한 한 실험실에서 연습만 하다가 끝이 났다. 현실 감각이 전혀 없고, 북한의 실정이나 국제정치에 관해서는 일고의 인식도 없는 학자들을 팀으로 구성해서 자신들의 강의노트가 현실세계에서도 작동되는지 실험해보고 끝이 났다. 그런 무책임한 통일 정책을 가지고 한민족과 한반도의 미래를 실험대에 올렸던 것이다.

박근혜 정부와 한반도 신뢰 프로세스

"핵을 머리에 이고 살 수는 없다."

박근혜 대통령이 대통령이 되기 훨씬 이전부터 누차에 걸쳐 강조한 말이다. "돈으로 사는 평화는 평화가 아니다"라는 말도 했다. 결론부터 이야기하자면 박근혜 정부의 대북 및 통일 정책은 이 두 마디에 발목이 잡힐 가능성이 크다. MB 정부의 '비핵, 개방, 3000' 정책과 같이 비핵이라는 전제조건이 충족되어야 통일로 향한 신뢰 프로세스가 진행될 것이기 때문이다. 따라서 향후 통일 문제의 진전 여부는 박근혜 정부에서 이 전제조건을 얼마나 신축적으로 적용하는지와 북한이 이 정책에 얼마나 긍정적으로 호응하는지에 달렸다고 봐야 한다.

박근혜 정부의 '한반도 신뢰 프로세스'라고 하는 통일 정책은 아직 그 실체가 모호하다. 여기에 비해 MB 정부의 '비핵, 개방, 3000'은 정책의 내용만큼은 명확했다. 누가 봐도 이해가 가도록 언어가 구사되어 있다. 그러나 '신뢰 프로세스'는 남북 간 신뢰라는 것과 프로세스라는 것은 알겠는데 신뢰가 어떻게 해야 생겨나는 것인지, 또 신뢰가 생겨나면 그 다음은 어떻게 하겠다는 것인지 명확하지 않다. 이와 같은 모호성이 가지는 함의와 그로 인해 귀결될 남북 관계의 모습에 대한 문제에 대해서는 차차 논의하기로 하고, 우선 '신뢰 프로세스' 정책이 어떤 것인지 따져보는 일이 우선되어야 할 것이다.

하늘 아래 새로운 것은 없다. 통일 정책도 혜성과 같이 어느 날 갑자기 뚝 떨어지듯 나타날 수는 없다. 기존의 생각에 다른 생각이 투영되면서 조금씩 진화해나가는 것이다. 그러다가 그 정책이 실시될 수 있는 마지막 순간, 즉 정부로부터 정책으로 채택되는 그 순간에 만들어져 있는 것이 최종적으로 실시되는 정책이 된다. MB 정부의 '비핵, 개방, 3000' 정책도 마찬가지다. 원래 MB는 대통령이 되기 이전부터 '3·3 통일론'을 주창했다. 1인당 국민소득이 '남한 3만 달러, 북한 3천 달러'는 되어야 통일기반이 성숙될 수 있다는 것이다. 남한의 3만 달러는 통일비용을 감내할 수 있는 경제력 수준이고, 북한 3천 달러는 통일비용이 최소화될 수 있는 수준으로 판단했을 것이다. 기존의 통일론이 개념적이고 체제적인 접근을 한 것이라고 한다면 3·3 통일론은 상당히 현실적이고 경제적인 기반에서 접근하고 있다는 점이 특징이라고 할 수 있겠다. MB는 3·3 통일론을 통일 정책의 기본 골격으로 잡고 그 위에 비핵이라는 화장을 덧씌웠다. 개방이 3천 달러로 가는 데 있어 필요조건이라고 본다면, 비핵은 전제조건쯤으로 볼 수 있을 것이다. 이렇게 3·3 통일론에 전제조건과 필요조건이 따라붙으면서 '비핵, 개방, 3000'이라는 새로운 통일 정책으로 거듭나게 되었다. MB 정부는 3·3통일론만 추진했다면 남북 관계에 커다란 진전을 이뤘을 터인데, 비핵이라는 전제조건을 붙이면서 5년 내내 한 발자국도 전진하지 못하고 끝이 났다. 오히려 금강산을 닫았다는 측면에서는 뒷걸음질을 쳤다고 봐야 한다.

　박근혜 정부의 '신뢰 프로세스'도 박근혜의 이전 정책 '3단계 통일론'에 그 뿌리를 두고 있다. '3단계 통일론'은 2007년 4월 9일 외신기자클럽 초청 간담회에서 박근혜 대통령이 당시 한나라당 대선경선 후보 자격으로 처음 밝힌 것이다. 북한의 선 핵포기를 전제로 '평화공동체, 경제공동체, 정치공동체'의 3단계로 통일을 추진하겠다는 구상이었다. 그러나 MB가 집권을 하면서 박근혜의 3단계 통일론에 문제가 발생했다. MB 정부 5년 동안 남북 관계가 악화될 수 있는 만큼 악화된 것이다. 신뢰는 하나도 남아 있지 않고, 대화를 나눌 수 없는 지경까지 이르렀다. 3단계 통일론을 이야기할 게재가 아닌 상황이 되어서 새롭게 제시한 대북 정책이 '한반도 신뢰 프로세스'다. '한반도 신뢰 프로세스'란 대화와 교류를 통해 남북 관계를 '신뢰→평화→더 진전된 신뢰→더 진전된 평화'의 선순환 구조로 발전시키고, 이를 통해 북한의 비핵화와 개혁개방을 이끌어내겠다는 것이다. 박근혜 정부는 먼저 7·4, 6·15, 10·4 등 과거의 약속을 실천하는 것에서 신뢰 구축을 시작하겠다고 하고 있다. 이렇게 조그만 신뢰를 복원하고 다음으로는 정치적 상황에 구애받지 않는 인도적 지원과 호혜적 교류를 지속하겠다는 것이다. 그리고 북한이 보여주는 신뢰 수준에 맞는 경제적 지원을 하며, 남북 경제협력 다양화로 한반도 경제공동체 기틀을 마련하겠다는 것을 내용으로 하고 있다.

'한반도 신뢰 프로세스'는 MB 정부와 북한 지도부 간에 사라져 버린 신뢰를 복원하기 위한 첫 스텝으로서 커다란 의미를 가지고 있다고 평가된다. 6·15나 10·4 공동선언을 언급하는 것도 합당한 이유가 있다. MB 정부는 1991년 남북기본합의서로 돌아가자고 주장하면서 6·15 및 10·4 정상 간 합의를 무시해버리는 독단을 감행했다. 그것은 남한과 북한 간의 약속을 헌신짝처럼 저버리는 행태였을 뿐만 아니라, 우리 정부의 정통성마저도 단절시키는 것이었다. 이렇게 MB 정부에서 신뢰를 깨어버린 상황이다 보니 당연히 6·15와 10·4의 인정을 신뢰 관계 복원의 출발점으로 보는 것이다. 또한 인도적 지원은 정치적 상황에 구애받지 않고 실시하겠다는 것도 바람직한 내용이다. MB 정부는 북한에 대한 인도적 지원도 단절해버렸다. 북한 체제 붕괴를 통한 흡수통일이 MB 정부에서 내심 의도하는 바였다고 하더라도 인도적 지원마저 단절해버린 것은 국제적으로도 또 국내적으로도 비난받아 마땅한 처사였다.

과거 정부들이 수십 년에 걸쳐 쌓아온 신뢰를 MB 정부는 단 5년 만에 완전히 허물어버렸다. 박근혜 정부는 그것을 다시 복원하는 작업을 펼쳐나가겠다는 것이다. 작은 신뢰가 더 큰 신뢰를 불러오는 선순환 구조가 갖춰지도록 남북경협도 일회성 대형 프로젝트보다는 점진적 신뢰 구축이 가능한 방안을 강조한다. 남북경협에 대한 순차별 계획도 마찬가지다. 초기에는 인도적 지원, 이후 낮은 수준의 남북경협, 그리고 향후에 대규모 인프라 투자로 본격화한다는 계획이다.

신뢰가 허물어져 있는 상황이기 때문에 과거의 3단계 통일론은 꺼내들 여건조차 되지 않는다. 따라서 남북경협 계획은 당초의 3단계 통일론 중에서 1단계 평화공동체 수준을 넘어 2단계 경제공동체 초기까지의 모습만 그리고 있다. 인도적 지원과 낮은 수준의 경협 활성화는 평화공동체 단계다. 전기, 철도 등의 대규모 인프라는 이미 경제공동체 초기 단계로 넘어가는 부분이다. 이렇게 처한 여건에 따라서 모양이 달라질 수밖에 없다. 어차피 MB도 정권 후반에 가서는 '3단계 통일론'이라고 하는 통일에 대한 마스터플랜을 내놓기도 했다. '평화공동체, 경제공동체, 민족공동체'의 단계별 이행을 추진한다는 것이었다. 그러나 이와 같은 'MB 3단계 통일론'은 실현을 위한 의지가 추호도 없는 것이었다. 여기에 비하면 박근혜의 '한반도 신뢰 프로세스'는 상대적으로 실현 가능성이 있어 보인다.

문제는 박근혜 정부의 대북 정책도 결정적인 한계가 있다는 점이다. 인도적 지원이나 낮은 수준의 남북경협, 즉 농업, 조림과 같은 수준의 것들을 정치적 상황에 구애받지 않고 시작하겠다는 것까지는 대북 관계 개선의 진정성을 보여주는 것으로 평가할 만하다. 그러나 대규모 인프라 투자와 같은 본격적인 남북경협 수준으로 넘어가기 위해서는 붙어 있는 조건이 충족되어야 한다. 북한이 보여주는 신뢰 수준에 달려 있다고 하는 점이다. 이 신뢰 수준이라는 것의 본질은 두말할 것도 없이 비핵이다. '핵을 머리에 이고 살 수 없다'든가 '돈으로 사는 평화는 평화가 아니다'와 같은 박근혜 대통령의 생각이 이 부분에 담겨 있다. 박근혜 대통령은 핵에 대해서는 단호한 입장을 보이고 있다. 당초 3단계 통일론의 전제조건도 비핵화다. 비핵화를 천명하지 않는 한 북한과는 아무것도 함께할 수 없다는 입장이다. 인도적 지원이나 교류는 하겠다고 하지만 그것도 투명한 배급과정을 전제로 하고 있다. 북한의 경제 및 핵무력 병진 노선에 대해서도 가능하지 않다는 것이 박근혜 대통령의 입장이다.

북한 또는 통일 문제에 관한 한 정답이란 것은 없다. 어떤 관점에서 접근하는 것이 옳다 또는 그르다고 말하기도 어렵다. 특히 핵무기와 같은 국가 안위와 관련된 사안에 대해서는 접근 자체가 조심스러운 것이 사실이다. 따라서 옳고 그름의 문제는 논외로 하고 '한반도 신뢰 프로세스'의 실천 가능성이라는 측면만을 놓고 평가한다면 현재로서는 잘못된 접근법이라는 결론에 도달할 가능성이 크다. '비핵, 개방, 3000'과 별다른 차이가 보이지 않는다. 비핵을 하면 경제성장을 돕겠다는 기본적인 대북 관계에 관한 인식의 앵글은 똑같다. 정치적 상황과 관계없이 인도적 지원은 하겠다는 정도가 다를 뿐이다. 또는 MB 정부에서 검토하던 북한 급변 사태에 따른 체제 붕괴 시의 흡수통일에 관한 대책이 겉으로 드러나지 않는다는 정도다.

도입부에서 추후 논의하기로 했던 표현의 모호성으로 인해 아직 남북 관계가 최악의 상황으로 치닫지는 않고 있다. 모호한 정책만이 가질 수 있는 장점이다. 아직 상대방이 정확한 진의를 파악하지 못해 정권 초부터 관계가 급랭하면서 최악의 국면으로 빠지는 것은 면하고 있다. 다시 말해 북한 측에서도 아직은 '불확실성에 의한 혜택benefit of the doubt'을 박근혜 정부에 부여하고 있다고 판단된다. 모호성의 또 다른 장점은 대북 정책을 자신의 의사에 따라 바꿔서 규정해갈 수 있다는 점이다. 명확하게 말한 것이 없기 때문에 북한이 보이는 행동에 따라 그때그때 바꿔가면서 입장을 결정할 수 있다. 대북 관계의 경색을 원하면 '이 정도로는 안 된다'고 말하면 되고, 개선을 원하면 '이 정도면 충분하다'고 말하면 된다.

이런 모호성은, 만약에 이것이 의도된 모호성이라고 한다면, 대외적으로는 북한과의 관계에 있어서, 대내적으로는 국민 여론에 대응하는 측면에서 유리하게 사용할 수 있는 양날의 무기로 디자인된 것이다. 의도되지 않은 모호성이라고 해도 결과는 동일하다. 북한과의 관계에서는 의사결정의 부담을 상대방에게 떠넘김으로써 협상에 유리한 위치를 점할 수 있다. 국민 여론과 관련해서는 여론의 흐름을 봐가면서 대북 정책의 수위를 결정할 수 있다. 따라서 이런 모호성에 의거하여 대북 관계와 국내 여론을 동시에 유리한 국면으로 적절하게 관리할 수도 있을 것이다.

아직까지는 '비핵, 개방, 3000'과 다를 것이 없다는 비판을 받고 있지만, 국면 전환 요인만 발생한다면 언제든지 화해 무드로 돌아설 수 있는 가능성은 남아 있다. 북한이 박근혜 정부의 생각에 순순히 따라와준다면 남북 관계가 일시에 해빙될 수 있다. 마침 박근혜 대통령의 장점이 약속이나 신뢰 같은 부분에 있다. 박근혜 대통령은 한 말을 뒤집지 않는다는 믿음은 북한도 가질 것이다. 이런 점이 '한반도 신뢰 프로세스'의 긍정적인 측면이다.

문제는 북한이 순순하게 우리의 의도대로 응하지 않을 가능성이 높다는 것이다. 제로섬zero-sum 게임을 가정하면 상대방에게 이익이 되는 일은 나에게는 무조건 손해다. 상대방이 하자는 대로 따라가는 것은 상대방에게 이익이 되는 일이다. 전투는 상대방의 앞마당에 가서 하는 것이 아니다. 내가 펼쳐놓은 판으로 상대방을 끌어와야 한다. 북한이 고분고분 따라올 가능성이 별로 없다는 것을 암시한다. 이것은 게임이 윈-윈 게임win-win game, 즉 플러스섬 게임plus-sum game이라도 마찬가지다. 누가 더 많은 몫을 차지하느냐는 게임에서의 협상 결과에 따라 결정되기 때문에 순순히 따라온다는 것은 상정하기 어려운 시나리오다.

더구나 박근혜 정부가 MB 정부에 비해 다소 전향적인 입장을 가지고 있다는 점은 인정한다 해도 보수의 노선을 완전히 폐기한 것도 아니다. 우선 박근혜 정부는 비핵을 경제 문제와 엮어서 교환 대상으로 삼겠다는 입장을 보이고 있다. 인도적 차원의 경제 지원,

농업 같은 분야에 대한 협력 정도까지만 조건 없이 실시한다는 것이고, 그 이상의 경제협력 분야는 비핵과 연계해나갈 뜻을 분명하게 밝히고 있다. 어떤 측면에서는 '비핵, 개방, 3000'과 다를 것이 없다는 반론에도 일리가 있다. 또한 보수 계열에서 기본적으로 가지고 있는 흡수통일의 관점을 버린 것도 아니다. 반면 북한은 핵무기를 헌법에 명문화하면서 핵과 경협이 상호 교환 협상의 대상이 되지 않는다는 점을 분명히 하고 있다. 뿐만 아니라 '핵보검'을 국가 안보의 최후의 보루로 삼겠다는 뜻을 밝히고 있다. 북한의 입장과 박근혜 정부의 입장이 서로 완전히 엇갈리는 대목이다.

남과 북의 엇갈리는 입장을 봉합해내지 못한다면 결국 '한반도 신뢰 프로세스'는 시작도 못해보고 폐기될 가능성이 있다. 북한이 비핵 문제를 여타의 다른 문제와 연계하지 않겠다는 입장을 분명하게 밝히고 있는데, 박근혜 정부는 남북경협 문제를 비핵과 연계하겠다는 의지가 단호한 상황이기 때문에 문제가 복잡해지는 것이다. 이대로 진행된다면 MB 정부의 재탕이 될 수밖에 없다. 용의자의 딜레마 게임에서처럼 남과 북이 큰 틀에서 협상을 하지 않고 자신의 우월전략만을 추구하다 보면 어느 순간 남과 북 모두에게 최악의 국면이 균형점이 되는 결과가 초래될 수 있다. 향후 양측 중 어느 한쪽의 또는 양측 모두의 전향적인 입장 변화가 있어야만 남북 관계에 진전이 가능해질 것이다.

2장

한반도 공생발전론

공생발전론

한반도 공생발전론은 더불어 살며 서로 도와 경제발전을 추구하는 것을 목표로 삼는다. 공생共生의 사전적 의미처럼 한반도 공생발전 구상은 남과 북이 한반도에서 서로에게 이익을 주며 함께 도와가면서 살아가는 것을 의미한다.

정치적인 측면에서는 남한과 북한이 한반도에서 더불어 사는 것을 의미한다. 함께 살되 단일국가로 합체하지는 않고, 두 개의 국가로 존재한다. 연합, 연방 등 어떤 이름도 필요치 않다. 자연발생적인 통일은 기쁘게 받아들일 일이나, 목표로서의 통일은 상정하지 않는다.

물론 대외적으로도 단일국가임을 표방하지 않는다. 각자가 대외교섭권을 갖는 것이다. EU나 아랍에미리트와 같은 느슨한 형태의 연방을 염두에 둘 수도 있다. 대내적으로는 각자가 살되 대외적으로는 일정한 형태의 공동의 교섭력을 인정하는 경우가 될 것이다. 그러나 이러한 형태의 정치외교적인 단일화마저도 현재의 단계에서는 추구할 필요가 없다. 정치외교 및 군사안보적으로는 완전히 독립적인 별개의 국가들로서 존재하는 것을 전제로 서로 도움을 주면서 살 수 있는 방법을 찾아보자는 것이다.

군사안보적 측면에서는 각자 안보를 지키도록 한다. 북한의 군사력에 대응하여 남한도 대등한 군사력을 확보하도록 한다. 물론 남한과 북한 간에 군축 노력을 지속한다는 것을 전제로 한다.[6] 재래식 무기뿐만 아니라 비핵화까지도 양측 간 논의의 대상이 된다. 비핵화에 대한 합의가 이루어질 경우 북한에 대한 국제사회의 각종 제재 해제를 적극 지원한다. 궁극적으로는 항구평화에 관한 논의를 지속한다.

경제, 사회, 문화적으로는 적극적인 협력을 통해 서로 도와 발전을 도모한다. 궁극적으로는 한반도 단일시장을 목표로 협력을 추

6 중국, 일본을 포함한 동아시아 군사력 증대에 대한 대응은 별개의 문제다. 이들과 관련해서는 동아시아의 균형추 기능을 수행할 수 있을 정도로 우리나라의 군사력을 확장할 필요가 있다. 특히 동아시아지역의 영토분쟁이 날로 가속화되고 있는 지금 독도와 이어도에 대한 우리의 영유권을 확보하기 위해서도 군사력 확장은 필요하다.

진한다. 다만 금강산 관광, 개성공단도 중단된 상태이므로 남북한이 다시 교류와 협력을 개시하는 작은 단계에서 시작하여 지역적 및 인적 교류가 확대되고 궁극적으로 한반도가 단일시장이 되는 단계까지 협력을 지속한다. 특히 정치적 및 군사안보적 이슈에 휘말려 교류협력이 중단되는 사태가 발생하지 않도록 항구화 메커니즘을 설계할 필요가 있다.

교류협력의 대원칙

공생발전 독트린

한반도 공생발전 구상은 기존의 통일 논의와 완전히 궤를 달리하는 새로운 비전이다. 그런 만큼 남북한 교류협력의 대원칙도 새롭게 갖출 필요가 있다. 교류협력의 대원칙은 정치적인 측면, 군사안보적인 측면, 그리고 경제, 사회 및 문화적 측면에서 정리할 수 있다.

첫째, 정치적 통일을 지향하지 않는다. 한반도 공생발전론이 추구하는 것은 한반도에서 '공생'하는 것이지 '독생'하는 것이 아니다. 기존의 통일 논의들이 궁극적으로 한반도 단일국가화를 지향한다고 하면, '공생발전론'은 한반도 내에서 단일국가화를 지향하지 않는다. 함께 더불어 사는 이웃 같은 관계를 지향한다. 물론 정치적 통일의 가능성을 배제하지는 않는다. 자연발생적으로 통일이 이루어진다면 적극적으로 환영할 일이다. 그러나 통일은 결과적으로 발생할 수는 있어도, 사전에 목적으로 삼지는 않는다. 진보와 보수 모두 궁극적으로는 남한과 북한의 통일을 통한 한반도 단일국가를 기본으로 상정하고 있다. 진보는 6·15 남북공동선언으로 남북통일의 정치적 형태에 대한 논의는 종지부를 찍었다고 본다.[7] 그러나 이것은 남한과 북한 간에 통일의 형태에 대한 합의가 이루어져서 더 이상의 논의가 필요 없다는 것이지 통일을 추구하지 않는다는 것은 아니다. 보수 역시 궁극적으로는 통일을 추구한다. 그것이 박근혜 정부의 '3단계 통일론'이건 흡수통일이건 최종 목표는 통일이다. 문제는 우리가 시대적 소명이라고 믿어 의심치 않는 '정치적 통일'에서부터 발생한다. 남한과 북한은 정치적 지배체제가 상이하다. 따라서 누구의 체제가 우월 체제가 되는지가 항상 문제가 되고, 정치적인 통일 문제를 따지는 순간 남북 관계는 체제의 문제에 매몰되어 한 발도 앞으로 나아갈 수 없다.

더구나 국민들의 의식 수준도 많은 차이가 있다. 북한 주민은 장기간 공산주의 배급경제 체제에만 길들여져 자본주의 시장경제 체제에 대한 이해가 없는 것은 두말할 필요도 없겠다. 북한의 장마당에서 다소 시장경제를 이해하는 정도이고, 최근 일어나고 있는 상인들의 자본화 추세가 자생적으로 나타나는 자본주의 시장경제 경향이라고 할 수 있겠다. 보다 대규모로 또 체계적으로 자본주의 시장경제를 익힌 것은 금강산과 개성공단에서의 경험일 것이다. 금강산 관광사업과 개성공단사업은 어떤 면에서는 북한 주민들에게 자본주의 시장경제를 전파하는 데 있어서 환상적인 조합이었다. 하나는 관광서비스업의 진수를, 또 다른 하나는 포디즘에 입각한 제조

---

7 6.15 선언 제2항은 남측의 연합제안과 북측의 낮은 단계의 연합제안의 공통성을 인정하고 있다. 이것으로써 남한과 북한이 느슨한 연방제 형태의 정치적 통일에 대해서 합의한 것으로 본다.

업의 기초를 전파한 것이기 때문이다.

국민들의 의식과 관련하여 근본적인 문제는 바로 민주주의의 역사다. 해방 이후 민주주의에 대한 실험을 지속해온 남한은 70년의 민주주의 역사를 가지고 있다. 물론 초기 혼란기나 박정희 독재시대를 민주주의라고 부를 수 있겠느냐고 반문한다면 마땅히 그렇다고 대답하기 곤란한 것도 사실이다. 그러나 어찌되었든 민주주의 역사가 일천한 한국이 그와 같은 시기를 겪으면서 민주주의를 배워온 것만은 사실이다. 하지만 북한은 한 번도 민주주의를 경험해본 적이 없다. 조선 왕조시대에서 일본 천황시대로 넘어갔고, 그 직후 세습 체제로 넘어가버렸다. 한 번도 세습 체제를 벗어나본 적이 없다. 사회 시스템도 조선시대의 구습에서 벗어나지 못하고 있다. 아직까지도 과거 농경사회 모습이 그대로 남아 있다. 남한도 과거 농경사회에서 공업화사회로 이전하면서 사회 시스템이 완전히 바뀌었다. 남한은 1인당 국민소득 100달러 시대에서 2만 달러 시대로 사회 전체가 진화해왔는데, 북한은 아직도 1970년대 수준에서 더 이상 성장하지 않고 그대로 머물러 있는 상태다.

이와 같은 의식 수준과 사회적 관습 수준의 차이를 극복하고 남한과 북한이 일거에 동일한 정치체제로 통일한다는 것은 거의 불가능한 일이다. 자칫하면 오씨Ossi와 베씨Wessi의 문제가 발생할 수 있다.[8] 한 세대 또는 두 세대가 지나가고 지금 10대 이하의 어린이들이 사회의 중심축으로 올라와야만 의식이나 관습이 하나로 통합될

지도 모른다. 따라서 남한과 북한은 장시간 동안 서로가 서로를 배워가며 동질화를 진행한 이후에나 통일에 관한 논의가 가능할 것으로 판단된다. 특히 의식적인 측면에서의 남한의 진화가 경제적 발전에 힘입은 바가 크다는 점을 감안할 때, 남북 관계도 정치적 통일에 대한 논의는 한참 이후의 일로 미뤄두고 경제적 교류를 먼저 앞세우는 것이 바람직하다. 중국과 대만의 사례처럼 정치적인 문제는 남북 교류 문제와 완전히 분리해서 접근할 필요가 있다.

둘째, 북한 비핵화 문제는 군사안보적 차원에서 접근한다. 북한의 비핵화는 군사안보적 문제다. 보수 진영에서는 북한의 비핵화 문제를 경제적 지원과 연계하려고 하지만 이것은 북한이 절대로 받아들이지 않을 옵션이다. 체제의 명운과 관련된 문제라서 경제적 지원이라는 당근과는 정배열이 되지 않기 때문이다. 더구나 최소한의 생존을 위한 수준의 식량과 에너지 지원을 중국에서 지속하고 있는 한 비핵과 경제적 지원은 차원이 다른 문제가 된다. 따라서 비핵화 문제는 다른 해결 방법을 찾아야 한다.

한편 북한의 안보 문제는 거꾸로 남한에도 안보 문제가 된다. 다시 말하면 북한이 군비 경쟁에 나서면 우리도 가만히 있을 수는

---

8 동독인(Ossi)과 서독인(Wessi)를 구분하여 부르는 말이다. 오씨와 베씨는 물리적인 통일에도 불구하고 의식적인 측면에서 통일을 이룩하지 못하는 현실을 반영하는 것이다. 결국 오씨도 베씨도 아닌 새로운 통일세대들로 독일 전체가 채워져야만 진정한 의식의 통일이 가능하다고 본다.

없듯이, 우리가 군비 경쟁에 나서면 북한도 어쩔 수 없이 따라와야 한다는 것이다. 군비 경쟁 게임으로 돌입하는 순간 북한은 경제적으로 무너질 수밖에 없다. 남한이 국방예산을 조금만 책정해도 북한이 도저히 따라올 수 없는 수준이 될 수 있다. 또 남한의 발달된 산업 경쟁력은 그 자체가 군사적 경쟁력이다. 남한이 군축 제안을 하면 북한은 응할 수밖에 없는 실정이다.

문제는 군축 협상이 가능하려면 군사력 균형이 전제되어야 한다는 점이다. 재래식 무기는 재래식 무기대로, 대량살상 무기는 대량살상 무기대로 군사력이 균형을 이루어야 한다. 남한이 아무리 재래식 무기로 압도적인 우위를 점하고 있다고 하더라도 북한이 핵무기를 가지고 있으면 군사력의 우위는 북한이 점하게 된다. 물론 핵이라는 것은 군사적 무기가 아니라 정치적 무기다. 가지고 있으면서 겁을 주는 것까지는 가능하지만 실제로는 사용할 수 없는 무기이기 때문이다. 하지만 그것은 미국과 소련처럼 서로 멀리 떨어져서 각자 살고 있을 때의 이야기다. 남한과 북한처럼 아직도 정전 상태인 경우에는 군사적 무기로서의 의미가 여전히 유효하다. 만에 하나 북한이 어떠한 형태든 체제 붕괴의 위협을 받을 경우 핵을 사용하지 말라는 법은 없다. 핵이 정치적 무기가 되기 위해서는 남한도 핵을 보유해야 한다. 또한 대등할 경우에만 군축이 가능해진다.

따라서 북한이 핵개발을 포기하고 비핵화로 나서지 않는다면 남한도 핵개발에 동참하는 것 외에는 방법이 없다. 그렇지 않으면 북핵에 만날 끌려다니는 수밖에 없다. 주면서 굽신거리고, 받으면서 큰소리치는 상황의 반복이다. 퍼주기는 이제 종지부를 찍어야 한다.

셋째, 경제협력이나 지원은 한민족의 삶의 질 제고와 연계 추진되어야 한다. 경제협력을 비핵에 갖다 붙이는 것은 효과만 없는 것이 아니라 명분도 없다. 북한에 있어서 핵은 체제 유지용인데 핵개발 포기와 경제협력을 연계하는 것은 지원이 아니라 대가가 되고, 경제적 반대급부라는 이름으로 북한의 체제 유지 비용을 대준다는 명분 없는 짓이 된다.

우리가 북한과 경제협력을 하는 것은 북한 정부나 기득권층이 맘에 들어서가 아니다. 북한 기득권 세력은 남한의 지원이 없어도 부유한 삶을 살고 있다. 정작 지원이 필요한 계층은 핍박받고 굶주리는 주민들이다. 그들이 보다 인간다운 삶을 살고 또한 최소한의 경제적 욕구를 해소할 수 있도록 돕기 위함이다. 따라서 북한에 대한 지원이나 북한과의 경제교류로 인해 창출되는 부가가치는 북한 주민에게 돌아가야 한다는 원칙을 세울 필요가 있다. 물론 북한 인권 문제도 연계되어야 한다. 우리의 경제적 지원이 북한 주민의 인권을 더 억압하는 기제로 활용된다면 더 이상 북한과 경제적 교류를 지속해야 할 명분이 없어진다.

한편 북한과의 경제협력은 남한 국민의 삶의 질 제고에도 도움이 되어야 한다. 다시 말하면 무조건적인 퍼주기는 곤란하다는 것이다. 북한에 대한 경제적 지원이 남한에 대한 안보 불안으로 되돌아와서는 안 된다. 북한과의 경제협력은 남한의 고령화에 대한 대안이 되어야 하고, 8,000만 명의 거대 시장을 확보하기 위한 것이어야 한다. 또 나중에 통일이 되었을 때 남한 국민들이 부담해야 할 통일비용을 줄이기 위한 것이어야 한다.

이와 같이 경제협력이 북한 동포들의 삶의 질과 인권 제고에 실질적 도움이 되고, 남한에도 경제적인 측면에서 도움이 되는 경우 우리는 비로소 국민적 공감대를 확보하는 남북경협을 이룰 수 있다.

한반도 자주 핵안보 체제 확립

북한의 비핵화는 1993년이나 2003년에 해결하지 못하고 지금까지 넘어와서 상황이 심각하게 꼬였다. 북한의 핵무기 개발은 수차례에 걸친 핵실험, 우라늄 농축, 발사체 실험 성공 등 이제는 북한의 비핵화를 이끌어내기 어려운 단계에 도달했다. 북한도 공공연히 헌법에 핵무기를 명문화하고 나서는 지경이다. 따라서 우리의 군사안보적 대응은 과거의 KEDO와 같은 대응으로는 한계가 있다.

중국이 의장국을 맡고 있는 6자 회담6-party talk도 한계에 봉착한 상황이다. 중국의 영향력이 과거와 같지 않은 상황에서 북한이 중국의 말을 듣지 않는다. 북한은 중국의 외교적 선택지를 너무나 잘 꿰뚫어보고 있다. 유사 이래 수천 년을 국경을 접하고 살고 있는 나라들끼리 그 정도쯤은 굳이 머리를 싸매고 고민하지 않아도 쉽게 알 수 있을 것이다. 중국이 마음을 바꿔먹지 않는 선에서 아슬아슬하게 줄타기를 하는 것은 그렇게 어려운 일이 아니다. 비핵과 관련한 중국의 압력이 북한에 먹혀들어가지 않는 이유다. 사실 북한의 입장에서는 6자 회담에 나서야 할 이유도 별로 없다. 일본과 한국은 대체로 미국에 종속되어 있는 변수다. 중국은 북한이 독자적으로 관계 조절이 가능하다. 러시아는 동북아에 이해관계가 과거와 같지 않다. 그렇다면 북한에게는 미국만이 변수가 된다. 북한이 6자

회담에 의미를 두지 않고 북미 대화를 고집하는 이유다.

6자 회담은 본래 탄생 목적이 북한의 핵개발 저지에 있다. 그런 6자 회담마저도 북한의 핵개발 중단을 이끌어낼 수 없다면, 대응 방법에 변화가 필요하다. 그렇게 되면 남한의 입장과 미국의 입장이 드디어 엇갈리게 된다. 물론 일본의 입장도 엇갈리기는 마찬가지다. 일본을 먼저 보자. 그들은 군국보수화 경향이 강해지고 있다. 헌법을 개정하고 자위대가 아닌 군대를 보유하고 싶어한다. 가능하면 핵무기도 가져보고 싶을 것이다. 핵무기가 있어야 국제정치 사회에서 대접을 받을 수 있다. 경제력은 세계 2위를 다투고 있는데 그에 걸맞는 대접을 받지 못하는 것은 헌법에 의해 군대를 가질 수 없기 때문이다. 일본은 군사력을 갖추고 싶은 것이다. 물론 일본의 현재 군사력이 약하다는 뜻이 아니다. 일본 자위대의 군사력은 어느 누구도 쉽게 얕볼 수 있는 수준이 아니다. 다만 이들은 자국 방위만 할 수 있을 뿐이다. 또 한 가지는 핵무기를 보유할 수 없다는 것이다. 헌법을 고쳐서 자위대의 목적을 바꾸는 것은 일본 내부적으로 추진하면 되는 일이다. 그러나 핵개발은 국제적 압력을 이겨내야 한다. 특히 미국으로부터의 압력은 무시하기 어려울 것이다. 그런데 북한이 핵무기를 개발해주면 일본에게는 그야말로 훌륭한 명분이 된다.

한국은 핵무기를 보유할 생각까지는 없다. 우리의 힘으로는 글로벌 패권이 아니라 지역적 패권도 추구하기 어려운 상태다. 괜히 핵개발에 나선다면 미국, 중국, 러시아의 압력이 우려된다. 중국이나 러시아가 핵무기를 가지고 있어도 큰 문제가 되지 않는다. 미국, 중국, 러시아 사이에서 외교력을 발휘하면서 우리나라에 대한 핵 위협을 중화하는 것은 큰 문제가 아니다. 그러나 북한이 핵무기를 개발할 경우에는 이야기가 다르다. 또한 일본으로 핵 도미노가 일어나는 경우도 우리는 간과하고 넘어갈 수 없다. 북한은 남한에 대한, 일본은 한반도에 대한 욕심이 없다고 믿어줄 수 없기 때문이다.

이제 우리의 대응 방법상 변화가 필요하다. 경제적 봉쇄만으로는 북한을 주저앉히기 어렵다는 것은 이미 현실이 되고 있다. 특히 중국이 북한에 대한 지원을 지속하고 있는 한 경제적 압박은 효과가 반감될 수밖에 없다. 북한의 비핵화 거부에 대해 남한이 취할 수 있는 옵션은 그다지 많지 않다. 미국과는 공조를 할 수 있다지만, 중국과의 공조는 쉽지 않다. 중국은 북한의 핵무기 보유를 원하지 않지만, 동시에 그것만큼이나 북한이 무너져서 남한으로 흡수통일되는 것 역시 원하지 않기 때문이다. 북한은 핵개발과 관련해서는 한 치도 양보하지 않겠다는 입장이다. 우리도 물러설 수 없기는 마찬가지다. 경제협력은 지속하되 우리의 안보는 지켜내야 하는 것이다.

KEDO나 6자 회담 모두 북한 비핵화를 달성하기 위한 그릇으로서의 수명이 끝난 지금 또 다른 해결 방안을 모색한다는 것이 쉬

한반도의 미래에 관한 대담한 생각

운 일은 아니다. 남, 북, 미, 중 4개국만 참여하는 4자 회담을 생각해볼 수 있다. 그러나 6자 회담이 수명이 다한 상황에서 4자 회담이 의미를 갖기는 어렵다. 북한이 원하는 것은 북미 회담이다. 북핵 문제에서는 파키스탄 모델을 적용받고, 외교 및 경제 문제에 있어서는 도이모이[9]와 같은 대타협을 바란다. 하지만 미국은 비핵이 먼저다. 그것이 아닐 경우 미국의 선택지는 국지 타격surgical strike에 가까우면 가까웠지 수교를 통해 말로 구슬리기에 나설 가능성은 없다. 반복해서 말하면 북한이 파키스탄 모델을 들고 나오면서 북핵 문제는 교착상태로 들어갔다. 이 교착상태는 북한이 물러서지 않을 경우 '온穩'의 해법은 나오지 않는다.

이제는 남한도 핵무장에 나서야 하는 시점에 도달했다. 온穩의 해법이 없다면 '강대강強對強'이 답일 수밖에 없다. 남한의 안보를 위해서는 대등한 전력이 아니라 대칭 전력을 보유해야 한다. 북한이 핵개발에 나서는 상황에서 재래식 군사력만 늘려나가는 것은 의미가 없다. 북한이 개발하고 있는 핵무기와 동일한 화력의 TNT를 보유해도 소용이 없는 것이다. 남한도 핵개발에 나서서 북한의 전쟁 의지를 억지해야 한다. 남한도 핵무기를 보유해야만 북핵을 군사적인 무기가 아니라 정치적인 무기로 중화시킬 수 있다.

물론 남한 핵무기의 용도는 명확하게 북핵 중화용이다. 이와 같

9　베트남의 개혁개방 정책이다. 미국과의 수교를 이끌어냄으로써 개혁개방 정책이 성공할 수 있었다.

은 용도를 감안할 때 남한은 핵개발을 하더라도 그 사정거리가 북한을 겨냥하는 수준을 벗어나면 안 된다. 또한 우리의 핵은 북한만을 조준하고 있어야 한다. 특히 북한이 사거리 내에 들어온다는 것은 일본이나 중국도 범위 내로 들어온다는 점을 명확하게 인식하고 있어야 한다.

북핵 문제가 중화되어야만 남북 관계에 또 다른 진전을 기대할 수 있다. 핵으로 인해 북한도 안보가 반석 위에 올라섰다고 생각하고 남한 역시 같은 생각을 할 때 비로소 남한과 북한 간의 대화가 가능해진다. 지금 북한은 유일한 대화 상대로 미국만 바라보고 있다. 남한과 일본은 미국에 외교적·군사적으로 종속되어 있다고 보고 있다. 따라서 북한의 눈에는 대화의 대상이 미국이면 족하다. 북미 간에 타협이 이루어지면 남한과 일본은 재원 제공만 담당하면 그뿐이다. 그러나 남한도 대등하게 핵개발에 나서면 이야기는 달라진다. 미군이 없어도 남한의 안보가 담보된다. 북한과 남한이 서로 안보가 보장되는 상태에서 대등하게 경제적 협력을 논의할 수 있다.

그러면 북한에 대한 퍼주기 논란에 휩싸이지 않아도 된다. 타결은 북미 간에 이루어지고 돈은 남한이 내는, 또 경제적 지원이 도움이 되지 않고 당연함이 되는 기분 더러운 경우를 당하지 않아도 된다. 실제로 북한에 대해 그런 도움을 줘야 할 이유가 없다. 동포끼리 도움을 주는 것은 얼마든지 해도 나쁠 것은 없다. 멀리 아프리카 대류의 이름도 모르는 아이들도 돕는데 우리 핏줄을 돕지 못할 이유가 있을까. 그러나 지금은 북한이 돕지 말아야 할 이유를 제공하고 있다. 도움을 주더라도 그 도움에 상응하는 요구를 할 수 있을 때 비로소 남한 국민들의 동의를 구할 수 있을 것이다. 즉 경제적 지원이 주민에게 제대로 도달되도록 남한 정부나 국제사회가 개입하는 것을 요구할 수 있다. 경제적 지원을 북한 주민의 인권 개선과 연계하거나 정치범 문제의 협상도 가능할 것이다.

상호 호혜적인 경제 및 사회문화 교류도 가능해진다. 북한 경제 개발은 하기에 따라서는 남한에도 도움이 될 수 있다. 북한 인구구조나 경제발전 수준을 감안할 때 통합하여 단일시장을 만들면 남한의 인구 고령화 문제를 해결하는 데 결정적인 해법이 될 수 있다. 북한의 경제발전 수준을 높이고 주민의 자본주의화를 앞당기면 혹시 모를 통일에 통일비용을 줄이는 효과도 있다. 결국 통일비용을 최소화하는 가장 좋은 방법은 북한 경제를 발전시키는 것이다. 사실 2020년이나 2030년쯤 되면 남북한은 경제적인 측면에서 서로에게 신이 내린 선물이 될 것이다. 남한은 인구구조 고령화로 인해 새로운 인구 유입이 절실히 필요할 것이다. 북한은 남한의 도움으로 쉽게 빈곤 함정을 벗어날 수 있다. 사실 인구 고령화 문제나 빈곤 함정의 문제는 자체 동력으로 해결하기 쉽지 않은 과제임에 틀림없다. 대부분의 나라가 빈곤 함정을 벗어나지 못하고 최빈국을 숙명으로 알고 살아가는 것이 현실이다. 또 인구구조 문제를 해결하는 데 성공한 나라도 드물다. 미국이나 프랑스 정도가 해결한 나라들인데 그들 역시 이민 정책으로 해결한 것이지 자체 동력으로 해결한 것은 아니다.

일본으로 핵 도미노가 일어나는 것은 감수할 수밖에 없는 일이다. 하지만 남한도 핵을 가지고 있는 상황에서 일본의 핵보유는 커다란 문제가 되지는 않는다. 핵은 일방만 보유할 경우에 군사적 무기이고, 쌍방이 함께 보유할 경우에는 정치적 무기로 중화되어버리기 때문이다.

북한, 남한과 일본 모두가 핵무기를 가질 경우 골치가 아파지는 것은 미국과 중국이다. 중국은 일본이 핵무기를 보유하게 되면 아시아에서의 입지가 줄어들 수밖에 없다. 일본은 재래식 무기로는 중국에 뒤지지 않는 군사력을 보유하고 있다. 일본이 세계적인 경제력을 갖춘 것이 중국보다 훨씬 앞의 일이니 일본의 군사력이 중국보다 훨씬 앞서 있다고 보는 것이 더 정확할 것이다. 대량살상 무기를 빼고 재래식 무기로만 붙는 전쟁 상황을 상정하면 일본이 중국을 압도할 가능성이 크다. 따라서 중국에게 있어 일본의 핵무장은 G2로서의 영향력 감소 문제에 더하여 과거 일본으로부터 침공을 당했던 아픔도 떠올려야만 하는 힘든 일이 될 것이다. 한편 한반도를 잇몸으로 삼으려는 중국의 외교 전략에도 차질이 발생한다. 잇몸 자체가 대량살상 무기로 뒤덮여서는 잇몸 역할을 할 수 없기 때문이다. 중국으로서는 잇몸 역할을 하지 못하는 잇몸을 유지할 것인지 여부를 놓고 심각하게 고민해야 하는 상황이 될 것이다.

　미국도 골머리가 지끈거리기는 마찬가지일 것이다. 비록 북미대륙과 거리가 있는 지역이기는 하지만 아시아만큼 골치 아픈 화약고도 없다. 미국 외교 전략의 포커스는 중동지역에서 아시아지역으로 옮겨오고 있다. 중동지역은 종교나 민족감정과 같은 것이 문제의 원동력인 지역이다. 아시아는 그런 문제가 겉으로 표출될 정도로 다혈질의 인종들은 아니지만 경제력이 중동지역에 비해 훨씬 크다. 지진으로 비유하면 중동은 해저화산 분출 정도의 강도여서 문제가 발생해도 국지전에 그칠 가능성이 크다. 하지만 아시아는 다르다. 아시아는 대륙의 판이 부딪히는 수준이어서 한 번 엇나가버리면 제3차 세계대전을 각오해야 한다. 더구나 한, 중, 일 3국의 민족감정은 그 무엇으로도 풀어지지 않는 돌처럼 단단한 앙금이 내면 깊숙한 곳에 잠복해 있다. 특히 일본은 독일과는 달리 전쟁에 대한 자신들의 잘못을 인정하지 않는 태도를 보인다. 신사참배를 계속하고 위안부에 대해서도 망언을 서슴지 않고 있다. 조금만 삐끗해도 도화선에 불을 붙일 수 있을 정도로 어긋나 있는 것이다. 이런 상태에서 일본은 주변국 전체와 영토분쟁을 일으키고 있다. 러시아와는 북방 4개 섬, 중국과는 다오위다오(센카쿠열도), 한국과는 독도(다케시마)를 놓고 계속해서 신경전이다. 미국에게 있어서 핵으로 뒤덮인 아시아는 가장 커다란 잠재 위험이 될 수밖에 없다.

아시아가 핵 도미노가 되면 또 다른 문제가 발생한다. 바로 NPT(Nuclear Non-Proliferation Treaty, 핵확산금지조약) 체제가 붕괴된다는 점이다. 아시아 초강대국들이 모두 핵보유에 나서면 그 자체로 이미 NPT는 의미가 없어진다. 그러면 미국이 우려하는 중동지역 핵개발도 들불처럼 번져나갈 가능성이 높아진다. 그리고 중동의 핵은 아시아의 핵과는 성격이 다르다. 아시아의 핵은 아시아 내에서 서로를 향해 겨냥하고 있겠지만, 중동의 핵은 미국 본토를 겨냥할 것이다. 뿐만 아니라 중동의 핵무기는 군사적 무기가 아니라 테러용 무기다. 군사적 무기는 상호 보유를 통해 정치적 무기로 중화가 가능하지만 테러용 무기는 중화가 가능하지 않다. 다시 말하면 다른 지역의 핵무기와는 달리 중동의 핵무기는 실제 사용될 가능성이 높다. 뉴욕, 시카고, LA, 그리고 워싱턴 DC를 향해 조준되어 있는 중동의 핵무기. 미국으로서는 상상하고 싶지 않은 설정이다.

북핵에 대응한 남한의 핵무장 시도가 그리 쉽게 용인되지는 않을 것이다. 가장 먼저 미국이 나서서 말릴 것은 뻔하다. 실제로 남한이나 일본이나 핵무기 개발은 마음만 먹으면 여반장이다. 두 나라 모두 핵무기를 만들지만 않았지 사실상 핵보유국이라고 봐도 무방하다. 핵무기를 만들 원재료와 기술은 모두 보유하고 있다. 핵무기를 발사체에 탑재하기 위한 기술도 한국과 일본의 발달된 산업기술 수준을 감안하면 그렇게 문제가 되지는 않을 것이다. 재처리한 플루토늄을 보유하고 있는 일본이 우리보다 조금 더 빠를 수는 있다. 하지만 둘 다 마음만 먹으면 순식간에 핵무기를 손에 쥘 수 있다고 본다. 장거리 발사체가 없다는 것은 문제가 되지 않는다. 미주나 구주대륙을 향해 겨냥하지 않을 것이라면 동북아시아 정도의 사거리면 충분하다. 그리고 그 정도의 발사체는 충분히 많이 가지고 있다. 따라서 한국이 핵개발을 하겠다고 나서는 것은 커다란 문제가 아닐 수 없다.

　미국은 한국을 주저앉히기 위해서 채찍과 당근을 들고 나올 것이다. 채찍은 한국에 대한 경제 봉쇄가 될 것이다. 한국은 경제 봉쇄를 버티기 어려울 것이다. 수출에 의존해 번영을 구가하고 있는 한국은 글로벌 시장에서 큰 목소리를 내기 힘들다. 따라서 미국이 경제 제재를 무기로 들고 나오면 우리로서도 핵개발의 뜻을 관철시키기 어려울 수도 있다. 하지만 북한의 핵개발에 대한 대응 차원에서 보면 조금 다를 수 있다. 북한의 남침 위협이 존재하는 남한의 입장에서 북한의 핵개발은 그 의미와 무게가 다를 수밖에 없기 때문이다. 남한의 경제발전도 핵무기를 앞세운 북한의 남침이 있을 경우에는 한낱 모래알이 되어버릴 터이다. 경제 봉쇄라는 채찍만으로는 우리도 미국의 말을 들어줄 수 없다. 따라서 미국은 핵우산이라는 당근을 함께 제시할 것이다. 북한과의 대칭 군사력인 핵무기는 미국이 제공해줄 터이니 남한은 대량살상 무기 군사력 증강에 국력을 낭비하지 말고 경제발전이나 도모하라고 나설 것이 분명하다. 실제로 미국은 지난 북한의 핵실험 당시 핵 투사능력을 보유한 B-52, B-2 스텔스 폭격기를 한반도 상공에 출격시켰다. 부산항으로 핵항모를 입항시키기도 했다. 이와 같은 군사적 조치들이 북한과 중국에 대한 시위인 것은 확실하다. 그러나 그에 못지않게 남한에 대한 시위의 의미도 있다. 이렇게 핵우산을 제공할 테니 남한에서 핵무장론을 들고 일어나지 말라는 의미다. 당시 미국은 한국에 핵우산을 제공할 것임을 확실히 밝히기도 했다.

남한에 핵우산을 제공하겠다는 미국 당국자의 발언을 우리 보수 신문들은 일제히 대문짝만 하게 기사화했다. B-2나 B-52가 얼마나 성능이 우수한 스텔스 폭격기인지, 핵무기를 투사할 수도 있다는 등등의 작전 능력에 대한 기사도 상세하게 덧붙이고 있었다. 그러나 정작 중요한 것은 미국이 실제 상황에서 핵무기를 사용할 것이냐에 있다. 북한이 미국 본토에 핵무기를 투사한다면 이에 대한 대응으로 북한에 핵무기를 사용할지도 모른다. 그러나 북한이 남한에 핵무기를 투사하는 상황이 전개될 경우에 미국이 북한에 핵무기를 사용할 것이라는 보장은 어디에도 없다. 오히려 아시아지역의 핵전쟁 위험을 고려해 미국의 핵무기를 사용하지 않을 가능성이 더 크다.

또한 한반도에 핵우산을 제공한다고 했다가 마음이 바뀌어서 신新애치슨라인을 설정하지 않는다는 보장도 없다. 멀리 돌아갈 필요도 없이 부시 행정부의 콘돌리자 라이스 미 국무장관만 해도 한국을 '전략적 파트너'라고 분명하게 말하지 않았는가. 전략적 파트너라는 것은 전략이 유효할 때까지만 파트너이고, 전략이 수명을 다하거나 새로운 전략이 마련되면 더 이상 파트너가 되지 않을 수 있다는 의미다. 만약에 동아시아 핵 문제를 관리하는 데 있어서 미국이 새로운 형태의 전략적 선택을 하게 될 경우 한반도에 대한 핵우산도 접어버리게 될지 모른다. 예를 들어서, 중국이 북한을 포함한 한반도의 핵 문제를 깨끗하게 관리해주기만 한다면 미국도 방어선을 일본까지로 하고 한반도에서는 물러서주는 것으로 대타협을 할 수도 있다. 전통적으로 한국은 중국의 위성국가였다. 따라서 한국을 중국의 관리 체제로 넘기고 중국과는 거리가 있었던 일본까지만 방어선을 구축한다고 해서 이상할 것도 없다. 설령 오바마 행정부로부터 한반도 핵 방어선에 대한 약속을 받아낸다고 하더라도, 다음 행정부에 가서 말을 바꾸지 않는다는 보장은 없다. 언제든지 미국의 국익에 부합한다고 생각하면 입장을 바꿀 수 있다. 남한이 미국의 핵우산 제공론을 완전히 신뢰할 수 없는 이유다. 따라서 남한은 미국의 전술핵이 남한에 배치되는 경우에만 미국을 신뢰할 수 있다. 또한 남한에 전술핵이 배치되는 경우에만 일본 핵무장론로 잠재울 수 있을 것이다. 미국 정부 관리들의 한반도 핵우산 제공에 관한 말들은 믿을 것이 못된다. 안보에 관한 한 의도나 전략은 믿을 수 없는 것이다. 오직 결과만을 놓고 믿고 말고를 결정할 수 있다. 미국이 진정한 핵우산을 한국에 제공하려면 두 가지 조건이 충족되어야 한다. 하나는 한반도에 미군의 전술핵이 배치되는 것이고, 또 하나는 그 전술핵의 사용권을 한국에 제공해야 한다는 것이다. 그렇지 않을 경우에는 우리도 미국의 핵우산 약속을 곧이곧대로 믿어 줄 수 없다. 과거 드골 대통령이 그랬던 것처럼 말이다.

물론 남한에 미국의 전술핵이 배치된다고 할 경우 중국은 펄펄 뛰고 나설 것이 확실하다. 과거 1963년 쿠바 미사일 사태 때를 보면 미국은 제3차 세계대전도 불사하고 봉쇄에 나섰다. 중국이라고 가만히 있을 리는 없다. 그러나 중국이 한국의 해상을 봉쇄하고 나설 수는 없다. 아직 제해권은 미국에 들어 있기 때문이다. 남한에 핵이 있을 때에야 비로소 북한과 교환이 가능해진다. 중국은 남한의 미국 전술핵을 막아내기 위해서는 북핵 문제를 해결해야 한다. 중국은 한반도의 핵대치 상황을 감내하든지 아니면 북핵 문제를 해결해내든지 둘 중의 선택을 내려야 할 것이다. 중국은 핵 없는 남한 위주의 통일한반도보다는 핵을 가진 북한을 선호할 것이다. 어차피 핵이란 정치적 무기이고 북한이 자위권 확보 차원에서 보유하고 있는 것이라고 한다면 북한 비핵화에 동참해서 중국이 얻을 것이 없다. 그런데 북한 체제가 흔들린다면 잇몸이 상하는 일이 발생할 수 있다. 북한에 대한 경제 제재가 효과를 보지 못하는 것은 바로 이 점 때문이다. 따라서 남한의 핵무기는 중국의 손해라는 측면의 의미를 가진다. 북한에 대한 제재에 중국을 끌어들일 수 있게 되는 것이다. 물론 이때에도 중국이 북한의 비핵화에 동참하지 않는다면 남한의 핵무장도(미국 전술핵 배치 포함) 예정대로 진행하면 그뿐이다. 당초 의 도했던 대로 핵으로 핵을 억지할 수 있게 된다.

북한의 무력시위에 대응하여 미국이 B-2, B-52를 출격시키고 핵 항모를 부산에 입항시키기도 했던 것은 이미 기술한 바이다. 또 최 근 들어서는 B-52를 괌기지에 상시 배치하고 북한의 탄도미사일 공격 위협에 대응하여 알래스카와 괌기지에 MD체제를 강화하기도 했다. 이와 같은 일련의 조치들은 중국에도 영향을 미친다. 그럼에 도 불구하고 중국은 아무런 대응 조치를 취하지 못하고 있다. 특히 핵 투사능력을 보유한 B-2, B-52를 한반도 상공으로 출격시켰을 때 중국은 대응발진도 하지 못했다. 그렇다면 중국은 틀림없이 북 한에 대해 압력을 가하는 형태로 외교 전략을 구사하고 있을 것이 다. 중국의 군사력으로 미국의 일련의 조치들을 철회하도록 할 능 력은 되지 못한다. 따라서 북한으로 하여금 핵개발을 중단하도록 하여 자국의 안보에 위협이 되는 미국의 조치들을 철회하도록 하고 있을 것으로 추정해볼 수 있다.

이와 같은 결과가 반드시 최적의 결론이라고 할 수는 없겠다. 남 한과 북한이 동시에 핵개발에 나서는 것은 최악의 시나리오다. 미국 전술핵의 한반도 배치나 이에 따른 한반도를 둘러싼 긴장 고조 역시 바람직한 일은 아니다. 하지만 남한과 북한 간의 균형은 이루어진 다. 남과 북 그리고 동북아 전체가 손해를 보는 균형이 이루어지 는 용의자의 딜레마와 유사한 게임이 된다. 서로 손해 보는 일이 발생하고 있을 때 전략적 대화가 가능해진다. 즉 남과 북 간의 군축과 평화체제 구축에 관한 논의가 진행될 수 있다. 남한과 북한이 상호 체제를 보장할 수 있는 기제를 만들어내는 계기가 된다. 체제 보장의 기제를 만들어낸다는 것이 쉬운 일이 아니라는 것은 확실하다. 그러나 서로 뜻만 맞으면 못할 것도 없다. 어떤 형태든 상호 균형이 이루어지는 상태여야만 남북한 공생발전의 방안을 모색할 수 있다.

3장

한반도 단일시장 구상[10]

기본 구상

한반도 단일시장 구상은 남한과 북한이 단일시장으로 통합해 경제적인 측면에서 상호 호혜적인 공생발전을 추구하자는 것이다. 단일시장 구성을 통해 경제적으로는 북한은 경제발전과 이를 통한 절대빈곤에서 벗어나는 이득을 얻고, 남한은 인구구조 고령화에서 오는 성장잠재력 약화 문제를 극복할 수 있다. 남한과 북한, 합하여 한반도 전체가 새로운 경제발전의 전기와 한민족의 융성한 기운으로 그

---

10 한반도 단일시장 구상은 '제1부 제2장 한반도 공생발전론'과 '제2부 제2장 한반도 균형발전론' 모두에 해당하는 핵심 정책 대안이다. 따라서 한반도 균형발전의 관점을 가미해서 읽어주기 바란다.

기상을 세계만방에 떨치게 되는 계기를 마련하자는 취지다. 안보적인 측면에서는 북한과의 체제 경쟁을 종식하고 선의의 공생번영을 추구하는 것도 포함된다. 군축으로부터 시작하여 궁극적으로는 평화체제까지 만들어갈 수 있을 것이다. 아시아 차원의 국제정치적 측면에서는 동북아시아의 패권 경쟁에서 일본, 중국, 러시아의 힘에 눌리지 않고 그들을 뛰어넘을 수 있을 만큼 충분한 국력을 갖춘다는 의미를 가진다. 그야말로 단일시장을 통해 동북아시아에서 한반도 시대를 열어가자는 의미다.

한반도 단일시장 구상은 기존의 남북경협과는 궤를 달리한다. 남한의 안보비용은 절대 아니다. 북한과의 전력 대칭화를 통해 안보를 확실히 하는 것을 전제로 한다. 기존 경협론자들의 안보비용 주장처럼 돈으로 안보를 사는 것이 아니다. 북한의 체제를 변환하기 위한 수단도 아니다. 남북한이 경제적으로 발전하고 안보 차원에서 평화공생 체제를 갖춤으로써 공생발전을 달성하자는 취지다. 이와 같은 전략은 섬나라인 일본은 구사할 수 없는 전략이다. 다른 나라들도 그리 쉽지는 않다. 한국만 차별적으로 구사할 수 있다. 분단국가로서의 약점이 장점이 될 수도 있다는 점에서 역설적이라고 할 수 있다. 따라서 단일시장의 논의는 한반도 공생발전론의 한 부분이다. 다만 앞 장에서의 논의는 국가 안보 문제까지 기술하는 것으로 매듭을 지었고, 지금부터 기술해나가는 단일시장 논의가 포함됨으로써 한반도 공생발전론이 마무리된다.

한반도 단일시장을 추진함으로써 남한과 북한은 모두 경제적인 측면에서 공생번영을 추구할 수 있다. 과거 남한은 수차례에 걸친 경제개발 5개년 계획을 통해 빈곤 함정 탈출에 성공했다. 하지만 모든 나라들이 빈곤 함정 탈출에 성공하는 것은 아니다. 몇몇 나라들에 국한된 사례다. 특히 남한이 빈곤 함정에서 탈출한 것은 매우 특수한 사례에 속한다. 일본은 메이지유신으로 일찌감치 서구식 과학기술 문명을 받아들였고 제2차 세계대전을 일으켜 전쟁을 벌일 정도로 기술기반이 있는 나라였다. 패전 이후 경제가 파탄 났을 뿐이지 쌓여 있던 기술과 산업기반은 상당했던 나라라고 할 수 있다. 이에 반해 남한은 한일 강제합방과 제2차 세계대전 그리고 연이은 6·25 동란까지 자본 축적이 전혀 이루어지지 않은 세계 최빈국이었다. 보유하고 있는 천연자원이나 서구식 과학기술 스톡도 전혀 없었다. 그런 나라가 정말로 맨주먹으로 경제발전을 이룩했다. 북한이 단독으로 빈곤 함정에서 탈출한다는 것은 여간 어려운 일이 아니다. 특히 체제의 명운을 걸고 남한과 군비 경쟁을 벌이고 있는 입장에서는 더욱 가당치 않은 일이다. 지금의 북한은 오히려 빈곤 함정의 굴레에 갇혀 있다. 경제가 매년 역주행을 하고 있다. 이대로라면 수년 내에 경제 파탄 상황이 올 수도 있다. 그렇다고 매번 춘궁기 때마다 중국에 가서 손을 벌리기도 어려운 노릇이다. 그동안 세계 경제에서 신용을 잃어버린 결과로 중국 이외의 다른 나라가 북한에 손을 내밀어줄 가능성도 없다. 비핵화를 진행하지 않는 상태에서 미국이 북한과 수교를 할 리도 없고 미국과 수교를 한다고 해도 현재의 지배체제를 감안하면 빈곤 함정에서 탈출할 가능성이 크지 않다. 북한에게는 오직 남한만이 발전의 길이다.

　남한은 단일시장을 통해 우선 인구구조 문제를 해결할 수 있다. 북한은 인구구조가 남한과는 다르게 삼각형 구조를 가지고 있고, 탄탄한 베이비부머 층을 만들 여지도 있다. 북한의 인구구조가 남한과 더해지게 되면 남한의 고령화 문제를 해결할 수 있다. 다음으로 추락해가는 성장잠재력을 복원할 수 있다. 북한과 단일시장 구성으로 내수시장 규모를 규모의 경제 수준으로 키울 수 있다. 잠식되어가는 제조업 경쟁력을 다시 높이는 것도 가능하다. 북한이 보유한 지하자원을 활용할 수 있고, 개발되지 않은 자연을 활용하여 청정관광산업을 육성할 수도 있다. 또한 반도성을 회복하고 아시아 및 유럽대륙으로 연결할 수 있다. 지금까지 한반도는 이름만 반도였지 남한에게는 섬이나 다름없었다. 그래서 아시아와 유럽 시장에 대한 접근성이 크게 떨어지는 것이 사실이었다. 북한과 단일시장을 구성하게 되면 한반도와 아시아 및 유럽 간의 인바운드in-bound 및 아웃바운드out-bound 접근성이 향상된다. 비로소 한반도가 대륙의 일부가 될 수 있는 것이다.

단계별 진행

한반도 단일시장 구상은 크게 3단계로 진행한다. 1단계는 경제공생 실험기經濟共生 實驗期다. 이 시기는 자본주의와 사회주의의 경제협력 가능성을 실험하는 시기가 된다. 제2단계는 평화공생 정착기平和共生 定着期다. 이 시기에는 한반도를 정치, 국방, 안보 등 경제 외적인 측면에서 평화공생 체제로 정착시키는 단계가 된다. 그리고 마지막으로 3단계는 한반도 단일시장 구상이 확립되는 단일시장 확립기單一市場 確立期가 된다. 한반도 단일시장은 유럽연합European Union과 같은 모습이 될 것이다. 정치는 각자의 체제를 유지하되 경제는 단일시장으로 통합된 형태다. 다만 EU가 가지는 실험적 한계를 감안하여 EU와 완전히 동일한 형태의 단일시장을 상상할 수는 없을 것이다. 한반도 공생발전론이나 단일시장 구상은 여기까지다. 정치적 또는 체제적 통일은 염두에 두지 않는다. 어느 순간 남과 북의 지도자들이 서로 뜻이 맞아서 통일을 결단하게 된다면 좋을 것이다. 그러나 그것은 어디까지나 덤으로 얻는 것이지 한반도 공생발전론이 최종 목표로 삼고 추구하는 바는 아니다.

제1단계: 경제공생 실험기

사회주의와 자본주의 간의 경제공생을 실험하는 단계다. 남과 북의 경제협력 역사는 이제 불과 15년 남짓하다. DJ 정부의 햇볕정책Sunshine Policy으로부터 시작되었고, 노무현 정부에서 그대로 계승하여 10년간 이어졌다. 이 시기는 남과 북 어느 쪽도 남북경협의 올바른 지향점을 찾지 못한 채 오리무중에서 더듬이를 세우고 확인하는 실험을 계속해왔다.

우선 북한 정부는 남북경제협력을 북한 경제의 발전 모델을 찾는다는 관점에서 접근하지는 않은 것 같다. 북한은 다분히 경제 외적인 관점에서 남북경협에 대한 접근법을 찾았다. 대외 외교는 미국과 하고 그 결과로 얻게 되는 경제적 이득은 남한으로부터 취하는 통미봉남通美封南 접근법을 구사해왔다. 북한은 남한이 주체적인 외교안보 전략이 없고 미국에 종속되어 있다고 보고 있는 것이다. 사실 우리나라의 보수라는 계층이 북한이 주장하는 소위 친미사대주의親美事大主義적인 성향을 가지고 있는 것도 부인할 수 없다. 주체적인 대북 전략을 세우지 못하고 군사안보적인 면에서 미국에 종속되어 있는 측면이 있는 것이 사실이기 때문이다. 그러나 이와 같은 북한의 통미봉남 정책과 경제적 지원을 받으면서 오히려 큰소리를 치는 모양새 등이 남한 내에 '퍼주기' 논란을 불러일으켰다. 급기야는 MB 정부에 들면서 북한에 안정적인 달러를 공급해주던 금강산 관광이 문을 닫는 결과가 발생했다. 개성공단도 당초 2,000만 평 개발 계획의 5%에 불과한 100만 평도 제대로 쓰지 못하고 있는 상태에서 추가적인 개발이 멎은 상태가 지속되었다. 최근에는 개성공단을 가지고 벼랑끝 전술을 구사했다가 역시 박근혜 정부의 단호한 결정에 그나마도 문을 닫게 되는 결과가 초래되었다. 북한도 아차 싶었을 것이다. 금강산이나 개성이나 모두 전혀 예상하지 못했던 결과가 발생했기 때문이다.

남한 정부도 마찬가지다. 남북경협이라는 문제를 경협 그 자체로 접근하지 않고 국내 정치적인 목적으로 접근해왔다. 사실 경제라는 물건이 정치인의 손에 들어가면 변질되어버리는 일이야 항상 있는 일이긴 하다. 그러나 남북경협만큼은 과거 서독 정부처럼 포퓰리스틱한 접근을 최대한 자제하고 또 여와 야, 신과 구 정부를 넘어서 일관된 목표와 정책이 이어져야 하는 것이다. 그러나 실상은 그렇지를 못했다. 김대중 정부와 노무현 정부가 달랐고, 노무현 정부에서 이명박 정부로 넘어가면서는 정책 단절 현상이 발생했다. 또한 박근혜 정부도 이명박 정부와는 다소 다른 대북 입장을 취하고 있다.

이와 같은 불협화음은 모두 남북경협이 아직 실험 단계에 있다는 것을 의미한다. 남과 북 모두가 아직 균형점을 찾지 못한 것이다. 한 번도 가보지 않았던 길을 더듬어가면서 찾아가고 있는 상태다. 지금 이 순간에도 남북 간의 대화 재개가 회담 대표의 '격格' 문제로 엇나갔다. 박근혜 정부는 최소한 굴종적인 모습을 보이면서 '퍼주기'에 나서지 않을 것임을 명확하게 밝히고 있는데, 북한은 아직도 그것을 이해하지 못하는 것 같다. 서로가 서로를 이해하는 순간까지 또 남북경협이 문제를 유발할 소지가 없는 안정된 형태로 발전하는 순간까지 실험은 계속될 것이다.

남북 간의 경제공생은 그리 쉬운 길이 아니다. 험난한 과정과 암초가 도사리고 있다. 우리는 이미 금강산 관광에서 그 과정이 험난할 수밖에 없다는 것을 몸소 체험했고, 천안함과 연평도에서 예상하지 못했던 돌발 암초를 보았다. 그러나 우리는 그 실험을 계속해야만 한다. 시작하지 않으면 영원히 기회가 없기 때문이다.

경제공생 실험기는 10년을 기본으로 한다. 동 기간 동안 남북 간의 경제공생 실험의 기본적인 목표는 다음과 같다. 첫째 경제공생을 통해 평화공생의 기틀을 닦는다. 둘째 북한 동포들도 최소한의 인간다운 삶을 누릴 수 있도록 협력한다. 셋째 상호 호혜적인 경제협력 시스템을 구축한다.

경제공생 실험기의 노력이 계획대로 진전되면 10년 후 북한 주민들의 1인당 국민소득은 현재의 약 다섯 배인 5,000달러가 되어 식료품, 비누, 옷감, 주택과 같은 기본적인 의식주 문제는 해결할 수 있는 수준으로 발전할 것이다. 경제협력에 의한 직접 일자리는 최소 100만 개가 생겨난다. 유발효과를 두 배로 가정할 경우 총 일자리 창출은 200만 개가 될 것이다. 4인 가족을 가정하게 되면 800만 명의 생계가 경제공생에 의해 해결될 것이다. 이는 사실상 북한 인구의 3분의 1이 경제공생의 영향권 안에 들어오게 됨을 의미한다.

물론 남한도 혜택을 받게 된다. 우선 남한의 인구구조 고령화 문제를 극복할 수 있는 기회를 맞이하게 된다. 또한 양질의 저임금 노동력을 공급받게 되어 산업 경쟁력이 크게 제고되는 효과가 있다. 그리고 마지막으로 한반도 긴장을 완화함으로써 남한의 안정적인 번영이 가능하게 된다.

한반도 경제공생 실험기를 이끌 첫 번째 기구vehicle로 나는 개성파주자치중립특구 설치를 제안한다.[11] 개성공단을 개성지역으로만 놔둘 경우 남과 북 간의 정치적 긴장상태 정도에 따라 공단의 존립이 위협을 받는 일이 발생한다. 현재 개성공단은 당초 2,000만 평 공단 예정부지의 5%에 불과한 100만 평이 겨우 개발되어 있는 상태이고, 그 땅마저 다 사용하지 못하고 있다. MB 정부 5년간 추가적인 개발을 철저히 막았기 때문이다. 이에 더하여 지금은 아예 공단이 멈춰버린 상태다.

이와 같은 문제를 해결하고 개성공단의 실험을 지속가능하게 하기 위해 개성-파주(DMZ 포함)로 연결되는 자치중립특구를 조성한다. 구체적인 이해를 돕는 차원에서 중국의 홍콩과 같은 형태를 상상해볼 수 있다. 자치중립특구는 UN에서 관리하도록 함으로써 자치중립성을 확보한다. 자치중립특구는 행정, 경찰 등 대내적인 정부

11 아직은 구상 단계의 모델이므로 미흡한 점이 많을 수밖에 없다. 향후 법적, 경제적 검토와 보완을 통하여 현실 세계에서 작동 가능한 모델이 되도록 할 것이다.

기능과 권한이나 제한적 범위의 외교 등 대외적인 정부 기능과 권한을 모두 UN에서 대신한다. UN자치중립행정부(가칭)는 미국과 중국이 개별 국가의 자격으로 보증함으로써 남한과 북한의 정치적 문제로부터 자유로운 위상을 갖출 수 있도록 한다. 자치중립특구의 수명 연한은 일단 50년이나 남북이 통일되는 시점 중 먼저 도달하는 시점으로 하되, 통일이 없이 50년이 지날 경우 남한과 북한의 합의에 의해 계속 연장이 가능하도록 한다. 이와 같은 자치중립특구로의 전환을 통해 남한이나 북한 어느 일방에 의해 개성공단이 멈춰서는 일이 없도록 한다. 특히 기업별로 운용의 묘를 발휘하여 일정 비율의 근로자를 남한 본사 파견인력으로 운용함으로써 북한의 근로자 공급 중단 사태도 미연에 방지할 수 있다(필요 시 언제든지 남한지역으로부터 추가적인 노동력 조달도 가능하도록 한다). 개성파주자치중립특구는 남한 법에 의해서는 경제특구법의 모든 혜택을 누리는 것이 가능하도록 한다. 또한 개성공단에 고질적인 3통(통행, 통신, 통관) 문제 등도 해결이 가능하다.

다음 단계로는 김화평강자치중립특구를 설치한다. 김화평강자치중립특구는 개성파주자치중립특구의 모델을 그대로 이어받아 운영할 수도 있다. 다만 당시의 여건 성숙도에 따라 남한과 북한이 합의 하에 UN이 아닌 다른 형태의 자치중립행정부를 설치할 수도 있다. 김화평강자치중립특구는 공단보다는 고용창출력이 높고 친환경적인 산업특구로 개발하는 것이 바람직하다. 따라서 김화평강자치중립특구에는 아시아 최대의 복합 관광단지를 건설한다. 관광단지는 자연생태공원, 스포츠파크, 한류파크, 호텔&카지노, 자동차 레이싱, 놀이시설 등 상상 가능한 모든 종류의 관광서비스 업종을 총망라하는 것을 기본으로 한다. 특히 이와 같은 형태의 산업 확장이 남한과의 균형발전 차원에서도 바람직하다고 할 것이다.

자치중립특구는 다음과 같은 네 가지 원칙하에 운영한다. 중소기업, 북한 주민 생활 형편 제고, 고용창출 산업 중심, 그리고 기본 원칙으로 자본주의 원칙 준수가 그것이다.

첫째, 초기 입주기업은 중소기업을 기본으로 한다. 중후장대형 산업이나 첨단산업은 평화적 공생 체제가 갖춰지지 않았을 경우 산업기반 이전을 쉽게 결정할 수 없다. 더구나 북한의 노동력이 아직 단순 중소기업 수준을 넘어서지 못한다는 현실적인 제약도 감안하면 보다 숙련된 노동력을 필요로 하는 산업의 운영은 어렵다. 따라서 초기 입주기업을 중소기업으로 하면서 노동력의 숙련도나 자본주의 경제체제에 대한 이해도를 높여나가야 한다.

둘째, 고용창출이 많은 산업을 중심으로 확장한다. 북한 주민의 삶의 질을 제고하는 기본 방법은 결국 고용창출을 늘리는 것이다. 고용창출을 늘릴 수 있는 방법은 서비스업을 늘려나가는 것이다. 결국 관광산업을 육성하는 것이 답이 될 것이다.

셋째, 북한 주민의 생활 형편 제고에 기여해야 한다. 북한 주민의 생활 형편은 우리나라로 치면 1960년대 수준에 머물러 있다. 북한 주민의 삶의 질 개선이라는 공생발전의 기본 취지에 맞게 남북 간 경제협력의 과실은 북한 주민에게 돌아가도록 해야 한다. 따라서 자치중립특구도 일정 부분 북한 주민의 생활 형편 개선에 직접적으로 기여하는 바가 있어야만 존립의 의미를 갖는다고 봐야 할 것이다. 따라서 자치중립특구에서 생산하는 생필품의 상당 부분이 북한 주민에게 공급되어 최소한의 생활수준은 유지될 수 있도록 해야 할 것이다.

넷째, 자본주의의 기본원칙을 준수하도록 유도한다. 지금까지 개성공단의 운영에 있어서는 개인별 성과에 대한 차별적 인센티브 제공과 같은 기본적인 자본주의 원칙을 적용할 수 없었다. 그러나 북한 주민에게 자본주의 원칙을 가르치지 못할 경우 북한 노동력 수준의 질적 개선도 어려울뿐더러 북한 경제발전도 요원해진다. 따라서 북한 주민에게 기본적인 자본주의 경제에 대한 교육이 가능하도록 체제를 설계해야 한다.

경제공생 실험기를 이끌 두 번째 기구로 글로벌 인프라 건설을 추진한다. 아시안 하이웨이와 TSR(Trans Siberian Railway) 및 TCR(Trans China Railroad), 러시아-한반도 가스관 연결, 발전소 등의 대규모 인프라 건설사업이 포함되는 글로벌 인프라 건설은 북한 경제의 동맥을 만들어넣는 대역사가 될 것이다.

인프라 연결사업은 남한과 북한 모두에 커다란 실익이 있다. 우선 남한으로서는 한반도가 유럽대륙으로 직접 연결된다는 물류 측면의 이익이 있다. 건설 공사 및 공사용 원부자재 공급을 통해 성장동력을 상실한 건설산업에 회생의 전기를 마련해주게 된다. 또한 안정적인 에너지원을 얻게 되는 이득도 있다. 특히 북한의 풍부한 지하자원에 대한 접근권도 확보할 수 있다.

북한으로서는 물류망 확충이 가장 커다란 이득이 될 것이다. 국가 간선 물류망으로부터 지선 물류망을 연결하는 단계에 도달할 경우 북한지역 개발, 광산업 활성화 등 북한 경제가 자력으로 성장의 궤도에 진입할 계기가 마련된다. 또한 인프라 건설 과정에서 북한 노동력이 동원되어 일자리가 창출되는 점은 물론, 향후 북한 개발에 필수적인 건설인력 양성 효과도 도모할 수 있다.

경제공생 실험기를 이끌 세 번째 기구로서 농업진흥협력사업을 추진한다. 과거 남한의 식량자급 노력처럼 산림녹화사업을 포함한 농업진흥협력사업을 대규모로 진행한다. 이를 통해 북한도 식량 자급을 이룩할 수 있도록 한다.

농업진흥협력사업은 북한의 기초적인 경제 체력인 내수를 안정화시킨다. 이를 통해 북한 내수시장이 튼튼해지면 북한에도 좋은 일이거니와 남한으로서도 단일시장을 형성해가는 데 도움이 된다. 또한 경제공생에서 추구하는 목표인 북한 주민의 의식주 문제 해결에 커다란 기여를 하게 된다.

　이 사업은 초기에는 남한의 지원으로 시작하되, 어느 정도 시간
이 지나고 나서부터는 자체 동력으로 사업이 스스로 진행되는 방
식을 적용하여 남한으로서도 초기 부담 이상으로 부담이 늘어나지
않도록 한다.

제2단계: 평화공생 확립기

　평화공생 확립기에는 경제공생 실험기에서 축적된 경험과 신뢰
를 바탕으로 남과 북이 체제 위협으로부터 자유로운 관계를 구축
해나간다. 경제공생 실험기 동안의 노력의 결과로 북한이 어느 정도
의 경제 수준에 도달하여 체제 안녕을 위협하지도 또 위협받지도 않
는 단계에 도달하는 것을 전제로 한다.

　사실 남과 북은 아직까지 한 번도 이런 단계에 도달해본 적이 없
다. 북한은 북한대로 남한의 북진통일을 걱정하고 있고, 남한은 남
한대로 북한의 예상하지 못한 도발을 걱정하면서 지내왔다. 김대중
정부에 들면서 겨우 남북정상회담이 열리고 6·15 공동선언에서 연
방제와 유사한 통일 이후 지배체제에 대한 합의가 있었을 뿐이다.
"남과 북은 나라의 통일을 위한 남측의 연합 제안과 북측의 낮은
단계의 연방 제안이 서로 공통성이 있다고 인정하고, 앞으로 이 방
향에서 통일을 지향시켜나가기로 하였다." 선언문 제2항은 이와 같
이 기술되어, 명확하게는 합의라기보다 북한과 남한의 통일 방안에

서 유사성을 찾을 수 있다는 정도의 레토릭에 불과하다.

남과 북이 경제공생 실험기에 당초 계획했던 대로 소기의 목표를 달성했을 경우 남과 북은 드디어 평화적으로 공생을 할 준비가 되었다고 할 수 있다. 지금처럼 경제력 격차가 벌어지고, 특히 북한이 붕괴의 위험에 처할 정도로 경제 상황이 극심하게 나쁠 때에는 북한은 체제의 위협을 느끼게 될 것이 분명하다. 자신의 체제에 대해 위협을 느끼면 남의 체제를 위협할 수밖에 없으니 결국 남한도 체제가 안정될 수 없는 것만큼은 사실이다. 그러나 양측이 적당한 수준에서 잘살고 있을 경우 서로 침략을 해야 할 이유가 없어진다. 원래 전쟁이라는 것이 경제적인 이유로 일어난 것이라는 주장은 경제는 발전하지 않는다는 기본 전제를 깔고 있는 것이다. 경제가 발전하지 않으니 잘사는 방법은 남의 것을 빼앗는 길뿐이다. 그러나 빼앗지 않아도 잘살게 되는 순간, 더 나아가서 상호 협력으로 플러스섬plus-sum을 만들어낼 수 있게 되는 순간 전쟁의 유인은 사라진다. 과거 산업혁명 이전과 이후의 전쟁의 원인이 사뭇 달라졌다는 것을 보면 설명이 가능한 부분이다.

따라서 남북 평화공생의 기본 전제는 경제공생이 된다. 10년 후 북한이 1인당 GDP 5,000달러를 달성하더라도 남한의 1인당 GDP는 지금보다 더 커져서 남과 북 간에 경제력 격차가 더욱 벌어질 가능성이 있다는 점은 인정해야 할 것이다. 그러나 북한도 절대적으로 어느 정도 생활수준을 누릴 수 있게 될 것이라는 점, 남과 북이 협력을 통해 플러스섬을 만들어낼 여지가 여전히 존재한다는 점, 그리고 마지막으로 남한뿐만 아니라 북한도 드디어 전쟁으로 잃을 것이 더 많은 나라가 될 것이라는 점이 중요한 바탕이 되는 것이다.

남북 평화공생 확립기 역시 10년을 기본으로 한다. 남북 평화공생 확립기의 기본 목표는 다음과 같다. 첫째 남북한 불가침 평화체제를 이끌어낸다. 둘째 이것을 실질적으로 뒷받침하기 위한 군축을 달성한다. 셋째 북한이 평화적 세계질서 준수를 선포하고, 국제사회의 일원으로 행동한다.

이와 같은 목표가 당초 의도한 대로 달성될 경우 한반도는 현재와는 사뭇 다른 모습으로 변화되어 있을 것이다. 우선 핵의 평화적 이용만이 가능한 지역이 될 것이다. 핵 안전지역Nuclear Free Zone이 되어 마음 놓고 살 수 있는 지역이 될 것이다. 에너지 문제에 대한 획기적인 대안 마련이 가능하다는 전제 하에 한반도는 원자력발전으로부터도 안전한 지역으로 바뀔 수 있을 것이다. 군사력을 최소한의 방위군 수준으로 감축하고, 이로 인해 절감되는 군비를 경제발전을 위해 사용할 수 있게 될 것이다. 남북이 정전을 끝내고 평화 상태로 이행하게 될 것이다.

평화공생 확립기의 목표를 달성할 첫 번째 수단은 한반도 비핵화, 군축과 평화체제 전환이다. 이를 위해서는 한반도의 정전협정을 종식하고 평화협정 체제로 전환할 필요가 있다. 남과 북이 '되돌릴 수 없고 번복할 수 없는irreversible and irrevocable' 군사력 감축에 합의하고 이를 실행해야 한다. 그리고 이것은 정전에서 평화협정으로 체제가 전환되어야 함을 의미한다.

물론 이 부분에서 남과 북이 완전한 비핵화와 군축이 어려울 수도 있다. 그러나 핵도(만약 보유하고 있다면) 점진적으로 감축해나가면 된다. 남과 북이 완전한 평화체제로 갈 수 있는 여건이 마련되었다는 전제 하에 비핵화로 이전해갈 수 있다고 본다. 비핵화와는 별개로 재래식 무기는 즉각적으로 감축에 돌입한다.

북한도 경제력을 확보하게 되어 경제력 및 재래식 군사력에서 남한과 어느 정도 대등한 위치를 점할 수 있다고 한다면 군축에 전향적으로 나설 수 있다고 본다. 결국 군축은 자신의 체제에 대한 자신감에서부터 비롯되는 것이기 때문이다.

남과 북의 군축과 평화협정 체제 전환에는 미국과 중국의 보장이 필수적이다. 미국과 중국이 한반도 내에서의 전쟁 억지를 약속하고 또한 보장해야만 한다. 단순히 남과 북만의 합의에 의한 평화체제는 지속된다는 보장을 하기가 어렵다.

두 번째 수단은 남과 북 공동의 경평京平 올림픽 및 엑스포 유치다. 대체로 고도의 경제발전을 도모하는 나라들은 1인당 국민소득 3,000~5,000달러 수준에서 올림픽과 엑스포를 유치한다. 일본(동경), 한국(서울), 중국(베이징) 모두 하나같이 올림픽과 엑스포를 유치했다. 국가 브랜드 마케팅 차원이다. 북한도 마찬가지로 올림픽과 엑스포를 유치할 필요가 있다.

이를 통해 국제사회의 일원이 된다는 점을 간접적으로 선포할 필요가 있다. 다만 남북 평화공생의 의미를 살리고, 남한과 공동으로 국제사회의 질서를 준수한다는 점을 표명하기 위해 공동으로 경평 올림픽을 추진한다. 이와 같은 명분을 내세울 때 비로소 국제사회도 경평 올림픽에 대해서 지지 의사를 표할 것이다.

경평 올림픽을 기화로 경평 체육대회를 부활한다. 남한과 북한의 선수들이 한데 모여 전국체전이나 코리안 시리즈와 같은 형태의 초대형 체전을 치른다. 체전은 민족의 대축제로 만들어서 민족적 동질성을 회복하는 한마당이 될 수 있도록 한다.

물론 북한의 대외적 위상을 한 단계 업그레이드하고 획기적인 경제발전을 도모하기 위한 차원에서 엑스포를 유치할 필요도 있다. 엑스포는 개성파주특구와 같은 경제특구에서 실시하는 것도 하나의 좋은 대안이 될 것이다.

세 번째로 내륙 청정개발 계획을 추진한다. 북한지역은 자연친화적인 휴양관광지를 테마로 개발한다. 공업단지 중심으로 개발되어 있는 남한과는 달리 북한은 알프스와 같은 청정관광단지로 개발하여 아시아 및 세계 관광객을 유치한다. 제조업 공단 중심의

out-bound 수출 확대 전략은 낙수효과가 없어지고 부가가치와 일자리가 국내가 아니라 해외 생산기지에 떨어지는 속빈 강정과 같은 결과를 가져온다. 이에 반해 관광 중심의 in-bound 수출은 부가가치와 일자리가 고스란히 국내에 떨어지는 산업이다.

백두산과 같은 지역은 스키장을 포함한 4계절 관광지를 검토할 수 있다. 휴전선의 DMZ는 생태관광지역으로 조성한다. 기타 개마고원지구 등 북한의 다양한 지역을 친환경 관광지역으로 조성하는 북한 국토종합계획을 수립하여 추진한다.

물론 공단 확장도 필요하다. 평화체제로의 전환을 전제로 자치중립특구를 독자 운영체제로 전환한다. 남한과 북한의 대표를 파견하여 운영진을 구성하고 UN이나 미국 및 중국으로부터 독립적인 새로운 운영체제 구축을 모색한다. 이를 통해 경제협력특구 모델을 북한 여타 지역으로 확대하도록 한다. 나진선봉지구와 신의주지구에 새로운 운영모델을 접합하도록 한다. 또한 추가적인 공단 후보지역으로는 원산경제특구를 검토해볼 수 있겠다.

제3단계: 공생발전 정착기

공생발전 정착기는 민간 부문에서 민간끼리 자연스럽게 교류협력이 일어나는 단계를 말한다. 정부의 직간접적인 시장 조성이 없이 민간의 경제협력이 발생하도록 주도권을 민간으로 이양하는 시기가 된다. 시장이 완전한 형태로 조성되어 어떠한 물리적 강제에 의해서도 분리가 되지 않는 상태, 시장의 거대한 힘으로 남한과 북한이 공존하면서 상생하여 떼려야 뗄 수 없는 융합의 단계로 이행하는 것이다.

이와 같은 협력의 결과로 남한과 북한은 경제·사회·문화의 전 차원에서 하나의 유기체로 엮이게 되며, 상대방에 대한 군사적 도발은 곧 공멸을 의미하는 단계로 접어들게 된다. 굳이 신뢰관계를 들먹이지 않더라도 또 상호불가침 협정 같은 것을 문서로 서명하여 남겨놓지 않더라도 군사적 도발은 생각을 할 필요가 없는 상태가 된다.

주민은 자유롭게 왕래하게 될 것이다. 물론 여전히 출입경 절차를 거쳐야 하겠지만 유럽에서 국가 간 경계를 넘어갈 때처럼 여권이나 운전면허증을 보여주는 간단한 절차로 갈음하게 될 것이다. 마치 마스트리히트 이전의 유럽과 같은 상태를 상상하면 충분할 것이다. 각국이 주권은 가지고 있지만 자유롭게 왕래가 가능한 모습이다. 통화동맹으로 발전한 EU와 같은 모습이 아니더라도 충분하다. 경제적으로 완벽한 결합tie을 만들어냄으로써 통일된 것과 같은 모습을 만들어내는 것은 충분히 가능하다. 물론 국가 간 경제력 격차도 존재하고, 군사외교, 통화재정 등의 측면에서 주권은 완전히 분리되어 있겠지만, 국민들의 입장에서는 별로 불편한 것 없이 자유로운 상태의 단일시장으로 발전하게 될 것이다.

사실 제3단계는 눈에 보이지 않는 부분의 통합 작업이 진행될 것이다. 행정전산망 공유가 대표적이다. 운전면허증 하나만 가지고 국경을 통과하기 위해서는 국가전산망이 있어야 한다. 법체계의 정합성 제고, 언어 통합 등 정비해야 할 것들이 무궁무진하게 많을 것이다. 사회 전 분야에 있어서 남한과 북한 간의 정합성 제고 문제는 지금부터 미리 정리해도 소용없는 일이다. 그때의 한반도 상황을 감안하여 사회 각 분야의 전문가들이 모여 진행해야 하는 일이다.

남한과 북한 간의 산업구조 정비와 같은 문제는 제2단계에서 어느 정도 정리될 것이다. 그러나 제2단계까지에서도 결정할 수 없는 산업의 문제도 남아 있다. 예를 들어 중화학산업이나 첨단산업과 같은 산업의 일부분들이 해당될 것이다. 이런 분야의 산업에 대해서는 제3단계로 접어들면서 상호 교류 여부를 결정하게 될 것이다.

인적 교류는 가장 어려운 분야가 될 것이다. 상호간의 자유로운 왕래에서 그칠 것인지, 교차 취업을 허용할 것인지, 심지어는 이주 문제를 어떻게 접근할 것인지 등 검토해야 할 부분이 많다. 인적 구성이 서로 융합되기 시작하면 그때는 행정 및 정치체제까지 통합이 필요한바 실질적 통일이 되어버리기 때문이다.

한반도 단일시장은 충분히 가능하다. 유럽에서 이미 그 모습을 보았다. 그렇게 되기까지 시간도 많이 걸리고 난관도 많이 봉착하게 될 것이다. 하지만 한반도 공생을 위해서 또 한 단계 더 높은 경제적 발전을 위해서 단일시장은 꼭 달성해야 하는 과제다. 통일이 우리가 반드시 달성해야 하는 명제이기 때문이 아니다. 북한과 남한이 평화롭게 그리고 더 잘살기 위해서다.

2부

한반도
균형발전론

1장

장기 파동의 마무리

불균형 경제개발

한국 경제는 불균형 개발의 역사이다.

경제발전이라는 측면에서 한국은 신자유주의의 혜택을 가장 많이 받은 나라임을 인정하지 않을 수 없다. 우리나라는 1970년대 중화학공업화와 수출 주도 성장을 추진했고, 이것이 글로벌 신자유주의의 추세적 흐름과 맞물리면서 1990년대까지 고도성장을 지속할 수 있었다. 박정희 대통령의 불균형발전 전략은 정말로 유효한 전략이었다. 당시까지 거의 전무하다시피 한 자본 스톡을 대기업, 수출, 중화학산업에 집중함으로써 글로벌 경쟁력을 간신히 확보할 수 있었다. 집중화를 통해 빈곤 함정의 굴레를 돌파해낸 것이다.

어느새 우리는 세계 10위권의 국가로 성장했다. 6·25 전쟁 이후 헐벗고 굶주리던 세계 최빈국이 이제는 1인당 국민소득 2만 달러가 넘는 나라로 탈바꿈한 것이다. 구매력평가 기준의 1인당 GDP는 3만 달러를 넘어서서 미국을 제외한 대부분의 선진국이라고 하는 나라들과 어깨를 견주는 수준이 되었다. 물론 1997년 외환위기라는 아픔도 겪었다. 그러나 그 치욕스런 외환위기가 오히려 전화위복의 계기가 되었다. 그때의 구조조정으로 이번 서브 프라임 사태를 맞이해서는 세계에서 가장 안전한 나라로 평가받는 계기가 되었기 때문이다.

과가 있다고 해서 공을 폄하해서는 안 된다. 하지만 공이 있다고 해서 과를 지울 수도 없는 일이다. 박정희 대통령의 불균형발전 정책이 경제발전의 초석이 된 것은 사실이지만 동시에 양극화를 불러오는 결정적인 원인이 된 것도 사실이다. 1972년 8월 3일 사채동결 조치는 과잉부채라는 경영실패로 허덕이던 대기업들을 일제히 구제해준 조치였다. 여기에 더하여 1979년 5월의 중화학공업화는 산업을 선별해 집중 지원함으로써 산업 양극화와 재벌 형성이라는 결과를 가져오는 계기가 되었다.

물론 박정희 대통령만 대기업 밀어주기를 한 것은 아니다. 1993년에 취임한 김영삼 대통령은 세계화를 강력하게 추진했다. 수출 대기업들을 위한 무대를 열어준 것이다. 세계화의 물결을 올라타고 우리나라 수출은 빠르게 신장되었다. 그러나 수출 신장의 이면에는 요소가격 균일화라는 함정이 도사리고 있었다. 요소가격 균일화는 무역거래를 하는 국가 간 생산요소, 즉 노동비용과 자본비용이 같아지는 현상을 말하는 것인데, 예를 들면 중국과 경쟁하는 기업의 노동비용은 중국 수준으로 하락하고, 미국과 경쟁하는 기업의 노동비용은 미국 수준으로 높아지는 것을 의미한다. 그러다 보니 미국 등 세계 선진 기업과 경쟁하는 대기업은 미국 수준으로 임금이 올라가고, 중국 기업과 경쟁하는 중소기업들은 중국 수준으로 임금이 낮아졌다. 그 결과 대기업 근로자와 중소기업 근로자 간의 임금 격차가 미국과 중국만큼 벌어지는 양극화가 발생하게 되었다. 특히 중소기업에서 사회생활의 첫발을 내딛는 청년들이 가장 큰 타격을 받게 되었다. 88만원 세대는 연봉으로 1,000만 원, 달러 기준으로는 1만 달러에 해당한다. 중국 주요 대도시 평균 소득이 1인당 1만 달러인 점을 감안하면 세계화의 함정이 여실히 드러나는 대목이다.

사실 우리나라는 김대중, 노무현 정부를 제외하고는 지속적으로 공급주의 경제 정책을 구사해왔다. 우리나라가 외환위기를 맞고 모라토리움(채무불이행)을 선언할 수밖에 없게 만든 장본인은 바로 김영삼 정부와 신한국당이었다. 김영삼 대통령은 취임하자마자 경기침체를 벗어나기 위한 경제 정책으로 기업들을 압박해서 설비투자를 확대하도록 만들었다. 투자에 의한 경기회복이라는 전형적인 공급주의 경제 정책을 구사했다. 그 당시가 이미 과잉공급 상황이었음에도 불구하고 공급을 더 늘리는 우를 범한 것이다. 설비투자 확대는 은행 대출 증가와 불가분의 관계에 있었다. 당시만 해도 회사채 수익률이 10%를 넘어설 정도로 만성적인 자금 부족 상태였기 때문에 기업의 투자 확대는 대규모 간접금융이 필요하다는 것을 의미했고, 은행들은 수익성 좋은 양질의 대출시장을 확보하는 것이었다. 우리나라 기업들은 그때까지 한 번도 구조조정다운 구조조정을 단행한 적이 없었고, 그래서 'BJR(배 째라)'이라는 대마불사 논리에 대해 아무도 의문을 제기하지 않았다. 공급주의 정책실패는 결국 금융과 실물의 복합부실화를 초래했다. 높은 부채비율을 감당하지 못하고 기업들이 부실화되면서 은행도 함께 어려워졌다. 사실 은행들도 평화은행, 동화은행 등을 포함해 지방은행들까지 경쟁력 없는 은행들이 우후죽순으로 난립하여 동반 부실화의 과정에 들어서 있기는 했다. 기업 부실화가 은행 부실화를 초래했다기보다는 이미 예정되어 있던 것을 촉발했다고 하는 것이 더 정확하다고 할 수도 있겠다. 우리의 조그만 시장에 은행이 33개나 되었으니 사실 어느 은행 하나도 제대로 수익을 낼 수 없는 여건이었다.

이에 더하여 김영삼 정부와 신한국당은 수요 버블도 부추겼다. 정권의 업적 과시를 위해서 억지로 OECD 가입을 밀어붙였다. 우리나라도 선진국이 되었다고 대대적으로 선전하고 나섰다. 실제로 우리 국민 모두가 중산층이 되었다고 생각했다. 모든 국민들이 낙관적인 기대를 하고 있었고, 소비 생활에도 버블이 생성되기 시작했다.

너도나도 큰 차와 넓은 집, 좋은 옷과 기름진 음식을 찾았다. 경상수지가 적자로 돌아서고 외환 사정이 나빠지기 시작했다. 우리 경제는 수출에 주력해서 성장해온 조그만 경제였다. 다시 말하면 수출입거래가 내수 규모에 비해 비정상적으로 비대한 나라였다. 외환거래에 문제가 발생하면 수출입거래가 막히게 된다. 더구나 우리는 기축통화국도 아니고 원화가 경화hard currency도 아니라서, 원화가 국제거래에 통용되지 못한다. 제1 기축통화국인 미국은 경상수지 적자가 발생하면 달러를 찍어서 줘버리면 그뿐이다. 제2 기축통화를 보유한 유럽도 마찬가지고, 일본 엔화도 어느 정도 국제거래에 통용된다. 우리 원화는 지금도 세계 외환시장에 나가면 휴지조각에 불과한데, 외환위기 당시에는 말할 것도 없었다. 우리 같은 나라에게 경상수지 적자 누적은 사형선고나 다름없는 것이다.

기업과 가계의 문제만은 아니었다. 금융기관들의 투자실패도 심각한 상황이었다. 기업 부실화에 따라 은행 대출이 악성이 되는 것은 말할 것도 없거니와, 더욱 심각한 것은 고수익을 좇는 일부 금융기관들의 무개념 투기였다. 당시 국내 종합금융사들은 금리가 낮은 단기 외환을 스팟 시장에서 조달하여 고금리의 아시아 장기국채를 매입했다. 금리 차이를 먹는 재정거래였다. '신경제New Economy'호가 순항을 거듭하던 1990년대 금리 차이에 대한 투자는 무위험 재정거래로 여겨졌다. 남의 돈을 싸게 빌려서 고리로 투자하고 나중에 투자한 돈을 회수하여 빌린 돈을 갚으면 내 돈 투자는 없이 남의 돈만 가지고 앉아서 거저먹는 장사였다. 이렇게 좋은 장사가 어디 있을까. 그런데 여기에는 두 가지 치명적인 위험이 도사리고 있었다. 하나는 기간 불일치 문제다. 단기로 조달하여 장기로 투자했기 때문에 단기조달시장에 금융경색이 발생하면 꼼짝없이 부도가 발생할 수밖에 없다. 또 하나는 투자 대상의 위험도 문제다. 장기로 운용하고 있는 국채가 부도가 나면 단기자금을 갚을 길이 없어서 문제가 생길 수밖에 없다. 당시 종금사들의 투자 대상은 인도네시아 국채와 같은 고위험 고수익 장기국채들이었다. 이들 나라들이 외환위기로 모라토리움을 선언해버리자 종금사들에게 불똥이 튀었다. 세상에 쉬운 돈이라는 것은 없다. 그렇게 안전한 무위험 거래였다면 우리에게까지 기회가 왔을 리 만무하다. 노련한 외국 금융기관들은 환위험에 대한 개념이 없었던 종금사들의 투자 행태를 보고 뒤에서 웃고 있었을 것이다. 결국 30개에 달하던 종금사들은 2개를 제외하고 모두 아침 이슬처럼 사라져버렸다.

여기에 대한민국 정부의 외환관리 미숙과 하루하루 위기만 모면하고자 했던 관료들의 사실 은폐와 거짓 발표까지 겹치면서 우리나라는 수렁으로 빠져들어 갔다. 글로벌 환투기 세력이 악머구리 떼처럼 한국 시장에 몰려들었고, 정부는 작은 거짓을 큰 거짓으로 덮었다. 그러다가 더 큰 거짓을 만들어내는 데 한계에 부딪히면서 정부도 드디어 손을 들 수밖에 없었다. 김영삼 대통령은 1997년 11월 10일까지도 사태 파악을 못하고 있었다. 1997년 11월 19일에는 강경식 부총리와 김인호 경제수석을 경질하고 임창렬 신임 부총리를 임명했다. 신임 부총리는 금융시장 안정 및 금융산업 구조조정을 위한 종합대책을 발표했다. 그러나 때는 이미 너무 늦어버렸다. 결국 그해 12월 3일 모라토리움을 선언하면서 IMF에 구제금융을 신청했다.

박정희 대통령의 5·16 군사쿠데타 이후 시작된 공급주의 경제정책이 드디어 종언을 고하는 순간이었다. 김대중 대통령은 우리의 경제개발 역사상 처음으로 공급 부문 전반에 대한 구조조정을 실시했다. 이전 김영삼 정부까지 지속되었던 공급주의 정책의 잔재를 씻어내는 데 주력했다. 그러나 곧이어 이명박 정부로 들어서면서 또다시 공급주의 정책으로 회귀했다. 이명박 대통령은 우리나라 외환위기 당시 주무 차관으로서 책임이 있는 강만수를 기획재정부 장관으로 선임했다. 고환율, 감세, 저금리 등 공급능력 확충 정책이 추진되었다. 공급주의 경제학이 세계적인 버블을 만들고 붕괴되어 전 세계 주요 산업이 공급능력 구조조정에 돌입한 이후에도 이명박 정부와 한나라당은 공급주의 경제 정책을 지속한 것이다.

수출 대기업들은 커다란 혜택을 입었다. 대기업들의 영업흑자 규모가 급격하게 늘어났다. 서브 프라임 사태로 세계 모든 기업들이 고통을 받고 있는 시점에 유독 우리 기업들만 매출과 영업이익이 나날이 신장되었다. 이에 대해 강만수 장관은 수출 기업들의 실적이 좋아진 것이 자신의 덕이라고 공공연하게 말하고 다닐 정도였다. 국가 경제적으로도 무역규모 1조 달러를 돌파하는 쾌거도 달성했다. 그러나 어떤 경제 정책이든 혜택을 보는 측이 있으면 손해를 감수해야 하는 측도 있는 법이다. 손해 보는 측은 없이 혜택을 보는 측만 있는 경제 정책은 교과서에서나 가능한 이야기다. 공급주의 경제 정책도 그렇다.

우리나라에서의 공급주의는 수출 제조업에게는 한없이 좋았지만 내수 기업들을 극심한 어려움에 빠트렸다. 높은 환율은 수출의 가격 경쟁력은 높여주지만 수입 기업들의 수입단가를 높여서 국내 물가를 자극하는 요인이 된다. 고소득자, 대기업에 대한 감세 정책은 결국 보통 서민들의 세부담을 높이는 결과를 가져왔다. 또한 저금리 장기화로 가계부채가 급증하고 그것이 결국 가계의 건전성을 해치는 결과를 초래했다. 이것은 내수와 외수 간의 격차를 초래했고 소득양극화를 불러왔다. 중산층이 붕괴되면서 내수시장은 침체가 지속되고 있고, 급증한 가계부채와 부동산시장 침체가 함께 맞물리면서 자산 디플레형 장기 복합불황 가능성을 고조시키고 있다. 2008년 서브 프라임 사태 이후 세계 각국이 과잉공급능력을 구조조정하고 유효수요를 창출하는 데 골머리를 앓고 있는 동안 유독 우리 정부만 공급주의로 정책 대선회를 감행했다. 세계 대공황에 비견되는 경제위기로 유효수요가 줄어들어 고민하는 상황에서도 이명박 정부와 한나라당은 '공급은 스스로 수요를 창출한다'는 세이의 법칙에만 매달리고 있었다.

　신자유주의(공급주의)는 1, 2차 석유파동을 거치면서 공급 부문 충격이 발생하자 수요 부문 정책인 케인즈 경제학으로는 해결할 방법이 없었고 그에 대한 대응의 일환으로 부상했다. 신자유주의는 1980년대 레이거노믹스의 핵심으로 자리 잡았고, 신자유주의의 글로벌 버전인 세계화는 국가 간 실물과 자본거래를 최대한 자유화시켰다. 이후 신자유주의의 40년간 국가 간, 소득계층 간, 외수/내수 간, 지식근로/단순노동 간의 양극화는 심화되기만 했다. 신자유주의로 세계 경제가 크게 성장했다고 하지만 중산층은 점점 더 얇아지기만 한 것이다. 중산층이 늘어난 때는 오히려 1947~1975년의 경제 대번성기로 이때가 노동자가 중산층이 된 시기였다. 신자유주의가 확산된 1980년대 이후 노동자는 다시 서민층 이하로 전락하게 된다. 로버트 라이시는 《국가의 일Work of Nation》에서 "전통적으로 고부가가치 노동이었던 서비스업마저도 단순노동화하고 있다. 정보화 시대에는 지식근로자만이 고소득계층이 된다. 정보화 시대로의 전환은 고소득자가 더 많은 교육으로 부를 대물림하는 것을 가능하게 만든다. 따라서 부의 대물림을 막고 기회의 균등을 보장하기 위해 정부는 저소득층 교육에 힘써야 한다"고 주장하고 있다.

　이제는 유효수요가 부실화된 상황이다. 외환위기와 서브 프라임 경제위기라는 두 번의 위기를 겪으면서 중산층이 무너졌다. 케인즈 경제학이 부활해야 하는 시점인 것이다. 더구나 우리나라는 몇 년 후면 생산인구 감소가 시작된다. 일하지 않고 소비만 하는 고령 계층은 점점 늘고 생산활동을 통해 고령인구를 부양해야 하는 부담을 짊어진 젊은 세대들은 숫자가 점차 줄어드는 추세다. 2030년 이면 젊은이 2.6명이 노인 1명을, 2050년이면 젊은이 1.2명이 노인 1명을 부양해야 한다. 이런 상황에 직면해서 양질의 일자리를 하나라도 더 만들고 중산층을 키워나가는 것이 정부의 역할일진대, 이명박 정부와 한나라당은 88만 원 일자리만 양산하고 중산층을 파괴하는 공급주의 경제 정책을 지속했다. 눈앞의 수출 확대라는 이익을 좇다가 보다 더 근본적인 문제인 건전한 가계 문제를 놓쳐버린 것이다.

서브 프라임 사태는 본질적으로 수요 버블이 붕괴되면서 발생한 위기다. 수요 버블 붕괴는 곧 글로벌 공급과잉을 의미한다. 글로벌 공급과잉 문제를 해결하는 데 있어서 신자유주의(공급주의)는 한계가 있다. 수요 부문 경제학이 중심이 되어야 한다. 특히 부동산시장 침체와 가계부채 급증, 베이비부머 은퇴와 자영업 급증, 국내 산업 공동화와 경제의 좋은 일자리 창출력 위축 등으로 가계가 타격을 받고 있는 상황에서 건전한 가계, 튼튼한 중산층 형성이 그 무엇보다도 중요한 경제 정책이 되어야 한다. 수출과 기업에만 매달리다간 일본식 장기 디플레이션 불황의 위기에 직면하게 된다. 성장은 하되 기업 실적만 좋아지고 성장률만 높아지는 성장은 안 된다. 내수기반 강화와 가계 건전성 복원 등 유효수요를 키우는 균형 있는

성장이 필요하다. 기업을 구조조정하는 축소형이 아니라 내수와
가계를 건전하게 하는 확장형 성장이 필요하다. 이런 일들은 신자
유주의(공급주의) 정책 이념에 기반한 새누리당이 할 수 있는 일은 아
니다.

중산층의 붕괴

중산층이 망가지고 있다.

경제위기가 올 때는 먼저 조짐이 나타나는 것이 일반적이다. 아무런 사전 신호 없이 가만있다가 어느 날 갑자기 초대형 위기가 오고 경제가 붕괴되는 것은 아니다. 2008년 서브 프라임 모기지 금융위기도 사실 2006년 여름을 기점으로 건설경기가 꺾였을 때부터 신호음이 나왔다. 2007년 3월에 벌써 미국 2위의 서브 프라임 모기지 업체인 뉴 센추리 파이낸스가 부도났다. 2007년 8월에는 서브 프라임 모기지 관련 구조화 증권들의 손실이 급증하기 시작했고, 11월에는 씨티그룹이 SIV(Structured Investment Vehicle, 구조화투자 전문 자회사)들의 자산을 흡수하기 시작했다. 2008년 1월에는 모노라인 업체 암박Ambac의 주가가 70%나 급락했다. 3월에 베어 스턴스Bear Sterns가 매각되었고, 7월에 프레디 맥Freddie Mac과 패니 매Fannie Mae의 유동성 위기가 불거졌다. 그리고 2008년 8월 리먼 브라더스가 파산하면서 서브 프라임 모기지 발 금융위기가 본격화되기 시작했다. 2006년 6월을 기점으로 본다면 무려 2년 전부터 위기 징후가 나타나기 시작한 것이고, 뉴 센추리 파이낸스 부도로 본다고 해도 1년 반이나 먼저 신호를 보내기 시작한 것이다.

우리나라 외환위기도 마찬가지다. 1997년 들면서 한보그룹(1월),

삼미그룹(3월), 진로그룹(4월), 대농그룹(5월), 한신공영그룹(6월), 기아차그룹(7월) 등 기업들의 부도가 이어졌다. 이러는 와중에 7월 타이바트화가 폭락하고, 8월에는 인도네시아 루피아화가 폭락했다. 이후로도 쌍방울, 태일정밀, 해태그룹, 뉴코아, 한라그룹 등 많은 회사들이 부도처리되었다. 어쨌든 우리나라 외환위기도 이미 1997년 1월부터 신호가 오고 있었으니 거의 1년 전부터 신호음이 있었던 셈이다.

가끔씩은 신호음이 전혀 없는 위기도 발생한다. 필자가 본 바로는 두 가지 경우가 있는데 하나는 위기가 아주 서서히 진행되어서 그런 상황에 사람들이 익숙해지는 경우다. 마치 냄비 속의 변온동물이 물이 뜨거워지는 것을 인지하지 못하고 삶아지는 경우와 유사하다. 일본처럼 늙어가는 인구구조 때문에 경제가 조금씩 활력을 잃어가고, 사람들이 점차 적응하고, 그에 따라 미래에 대한 비관적 기대가 시장을 지배하면서 회복 불능의 상태에 빠지는 것이다. 또 다른 하나는 가계 부실화다. 가계는 기업과 다르다. 기업은 돈을 결제하지 못하면 부도를 내고, 모여 있던 사람들은 뿔뿔이 흩어져 제 갈 길로 가고 나면 그뿐이다. 하지만 가계에게 부도는 생존의 문제다. 그래서 어려워지면 어떤 빚을 내서라도 생활비에 충당한다. 고리사채까지도 끌어다가 일단 생활은 하고 봐야 한다. 그런 극한 상황에 달할 때까지 가계는 버틴다. 버틸 때까지 버티다가 더 이상 버틸 여력이 없어지면 한순간에 망가진다. 그렇게 망가질 때까지 별다른 신호가 나오지 않는다.

지금의 우리 경제 상황을 보면 이 두 가지의 신호 없는 위기가 복합적으로 다가오고 있다. 우리의 가계가 점차 부실화되어가고 있는 것이다. 그것도 급성이 아니라 만성으로 서서히 위기가 진행되고 있다. 카드 사태 때처럼 한 번에 급성위기가 발생하는 경우라면 신용회복을 해주고, 일자리도 창출하고 하면서 회생 방안을 만들어볼 수 있다. 건전성만 다시 회복해주면 사람들의 미래에 대한 기대가 여전히 낙관적이어서 금세 돌아선다. 지금은 딱히 이것이라고 할 만한 문제가 발생하지 않고 있다. 그저 조금씩 나빠지고 있을 뿐이다. 하지만 이대로 놔두면 나중에는 흐름을 돌이킬 수 없는 상태가 될 수도 있다.

일각에서는 우리가 일본식 복합불황으로 빠져드는 것 아니냐는 이야기를 한다. 결론부터 이야기하자면 우리가 일본식 복합불황으로 빠질 가능성은 매우 높다. 하지만 복합불황에 빠지지 않도록 만드는 것도 얼마든지 가능하다. 모두 다 생각하기 나름이다. 가능성을 보고 방법을 찾아야 한다. 그러려면 가장 먼저 선행되어야 할 것은 현실에 대한 명확한 인식이다. 복합불황에 빠지게 될 가능성이 매우 높다는 것이 우리가 처한 현실이다.

가장 위험한 것은 가계의 미래에 대한 우울한 전망이다. 이런 전망은 중산층 귀속의식에서 잘 나타난다. 소비자보호원이 조사 발표한 1993년 계층귀속의식을 보면 우리 국민은 자신을 중산층이라고 생각하는 비율이 81.3%, 상류층 7.1%로 전체의 88.4%가 중산층 이상이라고 생각했다. 저소득층이라고 생각하는 비율은 11.6%에 불과했다. 노후까지 포함해 일생 동안 생활이 안정될 것이라고 인식한 비율도 69.7%에 달했다. 실제로 이때가 중산층 비중이 가장 높았던 시기이기도 했다. 그러나 2012년 8월 현대경제연구원에서 조사한 바에 따르면 중산층 귀속의식은 전체의 46.4%로 하락했다. 반면 저소득층이라고 인식하는 비율은 50.1%에 달한다. 또한 최근 5년간 계층이 하락했다고 응답한 비율도 19.1%나 되었다. 사회 전체가 비관적인 분위기로 흐르고 있다.

중산층이 무너지는 이유는 두말할 필요도 없다. 고령화 시대에 은퇴하는 베이비부머 세대들의 노후에 대한 불안감, 일자리 창출능력 저하에 따르는 젊은 층들의 취업 불안감, 주택가격 하락과 가계부채 급증 등과 같은 것들이다. 제조업 경제가 발전함에 따라 일자리나 노후에 대한 불안감이 생겨나는 것은 어찌 보면 당연하다고 할 수 있긴 하다. 제조업은 그 정의상 출생 순간부터 경쟁 압력에 직면할 수밖에 없고 효율화에 나서지 않을 수 없다. 기술의 진보가 일자리를 줄이는 방향으로 일어나기 때문에 기업이 커져도 일자리는 늘어나지 않는다. 특히 고부가가치 분야로 옮겨갈수록 일자리 창출능력은 떨어진다. 따라서 젊은 층 일자리는 말할 것이 없거니와 노후 일자리도 별로 생겨나지 않는다. 모아놓은 재산이 없으면 미래가 막막해진다. 게다가 인구층이 제일 탄탄했던 베이비부머들이 은퇴를 시작하면서 경제 활력도 저하된다.

비관적인 분위기를 만들어내기에 충분한 조건도 갖추고 있다. 처음에는 워킹 푸어(working poor, 근로빈곤) 하나였는데, 어느새 하우스 푸어(house poor, 주택빈곤), 리타이어 푸어(retire poor, 퇴직빈곤), 렌트 푸어(rent poor, 월세빈곤) 등 푸어 시리즈 일색이다. 사회 전반에 비관론이 대세를 이룰 때가 제일 걱정스러운 대목이다. 비관론은 저조한 실적으로 이어진다. 저조한 실적은 비관론이 맞았다는 것을 증명해준다. 그리고 다시 저조한 실적을 유도한다. 자기실현 예언self-fulfilling prophecy이다. 버블 붕괴 후 일본 경제가 빠져 있는 디플레 함정이 이런 유형이다.

지금 우리나라는 자기실현 예언 유형의 디플레 함정에 빠질 위기에 처해 있다. 부동산시장과 내수 소비는 장기 침체에 빠져 있고, 좋은 일자리는 비중이 점차 줄어들고 있다. 미래에 대한 비관론도 팽배해 있다. 실제로 소득이 늘어도 지갑은 열지 않는 상태가 지속되고 있다. 내수 위축이 도를 지나친 상황이다. 식탁 물가와 전월세가는 하늘을 모르고 치솟고 있다. 젊은이들의 엥겔계수(소비 중 식료품비 비중)과 슈바베계수(소비 중 주거비 비중)는 급등하고 있는데, 경제 관료들은 현실을 제대로 반영하지 못하는 지표들만 쳐다보면서 오히려 무엇이 문제냐고 되묻는다. 부동산시장이 최악의 침체에 빠져 있어도 지금 가격이 적정가격이라고 우긴다. 젊은이들이 내집 마련이 힘들다는 이유에서다. 세계 어디를 가도 젊은이들이 내집 마련하는 것은 다 힘들다. 특히 도시지역, 그중에서도 메트로폴리탄 지역에서는 더욱 심하다. 어쩔 수 없는 현상이다. 중요한 것은 부동산 가격이 비싼 수준이냐 아니냐가 아니다. 부동산시장 침체가 미래에 대한 기대를 비관적으로 바꾸고, 잘못하면 자기실현 예언을 만들어낼 수 있다는 것이다.

비관 일색의 전망이다 보니 초식계 남자들도 등장하고 있다. 초식계 남자草食系 男子란 2006년 일본의 칼럼니스트 후카사와 마키가 인터넷 연재 칼럼 'U35 남자 마케팅 도감'에서 처음 사용하면서 알려진 용어다. '초식남草食男'이라고도 한다. 원래 남성은 강인함, 공격적 성향과 같은 육식계肉食系의 이미지를 가지고 있다. 초식계 남자는 기존 육식계 이미지와는 사뭇 다른 온순, 섬세, 방어적 성향 등의 여성적 이미지를 가진 남자들을 지칭한다. 이들은 이성보다는 취미 활동, 성공보다는 현실 안주, 스포츠보다는 패션에 상대적으로 더 많은 관심을 가진다. 오히려 여자들이 훨씬 더 강인해지고 공격적인 육식계 성향을 보이면서 성역할이 역전되는 모습이다. 2000년대 중반 이후 한국에도 이와 같은 경향이 나타나기 시작했다. 사회적 성취에 대한 여자들의 공격적 노력이 본격화되고, 남자들은 오히려 사기 저하나 패배의식에 시달리는 모습이다.

이들은 물질적 풍요 속에서 치열한 경쟁을 경험하지 못했다는 세대적 특징을 가지고 있어서, 잡초 같은 생존 본능이 부족하다. 쉽게 좌절하고 따라서 쉽게 순응하는 결과로 나타난다. 온실 속에서 자라면서 한 번도 어려움을 모르고 살다가 독립을 향한 첫 번째 시도인 취업 관문에서 냉혹한 현실을 경험한다. 첫 번째 좌절 앞에서 재기의 결심을 다지기보다는 비관적인 현실에 곧 순응한다. 어렵게 도전을 하면서 실패하기보다는 안분지족하는 것으로 타협하는 것이 훨씬 편한 길이다. 돈이 없으면 애인과 데이트를 안 하면 되고, 유흥비가 없으면 집에서 TV를 보면 된다. 안정적이고 소박한 생활에 익숙하기 때문에 '소비를 위해서 돈을 버는 것이 아니라 번 돈 이내에서 소비'를 하게 된다. 일본식 표현으로 '주머니랑 상의'하는 것이다. 소박한 소비는 바로 내수의 위축을 의미한다. 내수가 위축되면 소득이 줄어든다. 소득이 줄어든 만큼 저축은 늘리고 소비는 줄인다.

이들을 바라보는 부모 세대들의 마음은 '마땅치 않음' 그 자체다. 자식을 바라보는 부모 마음이 언제 '바람 풍風의 교훈'이 아니었냐마는, 잘못하는 것을 걱정하는 것이 아니라 아무것도 하지 않음을 걱정해야 하는 상황은 정말로 심각하다. 성인이 된 자식이 독립할 생각은 하지 않고 계속 집에 눌러붙어 있는 것도 마음에 들지 않을뿐더러, 노후 준비도 제대로 못했는데 경제적 지원을 계속해야 한다는 것도 커다란 부담이다. 백마 탄 여기사가 나타나서 아들 녀석을 낚아채 가주면 좋겠다고 생각한다 해도 이상할 것이 하나 없다.

초식계 남자라고 비난하기만 할 일도 아니다. 우리나라 20, 30대 가구의 소득과 소비지출 현황을 보면 식료품비 지출과 주거비 지출 비중이 가파르게 상승하고 있어서 저축이 쉽지 않은 구조다. 저축력이 약화되면 미래에 대한 전망이 비관적이 되는 것은 당연한 일이다. 문제는 소득을 늘리려는 노력보다는 소비를 줄이려는 결정을 내리기가 훨씬 쉽다는 점이다. 소득을 늘리는 것은 불확실하며 또 비현실적이다. 어디에서 어떻게 해야 돈이 벌어지는지 알기 어렵다. 새로운 사업을 시작하는 것의 불확실성은 말할 것도 없거니와, 취업 경쟁은 시작도 하기 전에 사람을 지치게 한다. 현재보다 더 많은 돈을 번다는 것은 당연히 비현실적인 상상이 된다. 이에 반해 소비지출을 줄이는 것은 매우 구체적이고 손에 잡히는 일이다. 자동차를 사용하는 사람은 대중교통으로, 대중교통을 사용하는 사람은 가까운 거리를 걸어서 가면 그만큼 소비지출이 줄어든다. 한 달에 두 번 하던 외식을 한 번으로 줄이고, 외식 메뉴도 소고기에서 돼지고기로 바꾸면 돈이 얼마나 절약되는지 눈에 보인다.

　방어적으로 순응하기가 적극적으로 개척하는 것보다 훨씬 쉬운 선택이다. 그러나 줄어든 소득만큼 저축을 늘리고 소비를 줄이는 것이 결국 다시 소득 감소로 이어지기 때문에 저축 비율은 높여도 절대액은 늘어나지 않는 케인즈 식의 하향 수렴현상이 발생한다. 문제는 20, 30대가 차세대 주력 소비계층이라는 데 있다. 절대적으로 저축이 어려운 이들이 더 많이 절약하기에 나서는 순간 경제는 디플레이션 구조로 돌입하게 된다. 그리고 디플레이션이 중산층 붕괴를 초래하는 악순환 구조가 고착화된다. 또 다른 개미지옥이다. 모두가 경쟁적으로 절약에 나서지만 그로 인해 모두의 소득이 줄어들 수밖에 없는 구조다.

장기 파동의 마무리 국면

한국 경제는 장기 파동의 최고점을 지나고 있다.

외환위기는 그 첫 번째 신호였다. 우리 경제가 고성장 신화에 도취해 있었기 때문에 경기변동론의 관점에서 외환위기가 의미하는 바를 그 당시에는 아무도 이해하지 못했다. 생전 처음 당해보는 일이었고, 모라토리움(채무불이행)이라는 것이 있다는 것도 처음 알았다. 미리 알았다 해도 남의 나라 일 정도로 치부했지 우리에게 발생할 수 있다는 생각은 해보지도 않았다. 우리 국민 모두가 합심하여 외환위기를 극복했다. 그때는 그 위기만 넘기면 다시 고도성장 궤도로 올라설 것으로 생각했다. 외환위기 이후 저성장 국면으로 들어가게 될 것이라고는 상상도 하지 않았다.

곧 외환위기가 무엇을 의미하는지가 명확해졌다. 바로 하나의 성장주기가 마무리된다는 신호였던 것이다. 1980년대에는 10%에 육박했고 1990년대에도 8%대 후반에 머물던 잠재성장률은 노무현 정부에 들면서 4%대로 하락했다. 성장률 7%를 다시 만들겠다고 호언장담하던 이명박 정부에서는 잠재성장률이 3%대로 떨어졌다. 임기 말에는 3%까지 하락한 것 아니냐는 우려가 나올 정도로 악화되었다. 수출입 1조 달러를 달성했다고 자화자찬에 나섰지만 그것은 오히려 우리나라 경제의 대외 충격에 대한 취약성만 더 크게 키우는 결과가 되었다. 747 공약이 무색해지는 순간이었다.

모방경제의 끝이 보이기 시작했다. 폴 크루그먼Paul Krugman이 말했듯 한국 경제의 성장은 영감inspiration이 아니라 땀perspiration에 의존한 것이었다.[12] 한국 경제는 압축 성장을 통해 빠른 속도로 후기 산업사회로 진입하고 있는데, 우리 사회는 아직도 산업화 초기의 열심히 일하는 문화에만 익숙해 있었지 스마트하게 일할 준비는 부족했던 것이다. 쓰기보다는 고르기, 창작보다는 베끼기, 생각하기보다는 암기하기에 젖어 있었다. 곧바로 혁신경제로 넘어갈 수 없는 상태였다. 새로운 성장의 전기가 만들어지지 않는 한, 성장잠재력은 계속 하강할 수밖에 없다. 한국 경제 수준의 공업화 경제가 5%대의 성장성을 지속하기는 어렵다.

경기변동론에 의하면 50~60년 주기의 비교적 긴 파동이 있다. 발견자의 이름을 따서 콘드라티에프 파동Kondratieff cycle이라고 부르는 것인데 대발명이나 사회적 대변혁이 원인이 되는 것으로 알려져 있다. 대발명의 예는 전기, 철도, 전구, 전화 등과 같은 커다란 발명이 포함된다. 사회적 대변혁은 청교도혁명, 프랑스대혁명과 같은 혁명이나 1, 2차 세계대전과 같은 전쟁이 원인이다.

---

12 "Asian growth has so far been mainly a matter of perspiration rather than inspiration--of working harder, not smarter.", What Happened to the Asian Miracle? (Paul Krugman, Fortune, August 18, 1997.)

유럽 경제의 장기 파동은 산업혁명에서 비롯된다. 연금술 이후 수백 년간의 과학기술의 발전에 르네상스의 상상력이 만나 스파크가 튀면서 대발명이 시작되었다. 물론 그 사이에 대혁명의 물결이 유럽을 휩쓸고 간 것도 한 원인이 된다. 이런 원인들로 인하여 1700년대 초반 유럽은 산업혁명을 시작했고, 이후 계속되는 새로운 발명은 300년 산업혁명 역사의 초석이 되었다. 미국은 유럽의 유산을 그대로 물려받은 나라이기 때문에 장기 파동에 대한 설명이 쉽다. 더구나 미국은 유럽의 유산을 한층 더 발전시켜서 발명의 생태계를 구축했다.

세계 경제의 순환구조에서 다음은 아시아이고, 아시아의 선두주자는 일본이었다. 일본은 제2차 세계대전의 주범이었다. 전후 일본은 베이비붐이 일어나면서 탄탄한 인구층이 형성되었고 이들이 왕성하게 경제활동을 벌이면서 경제가 한 단계 도약할 수 있었다. 하지만 전쟁만으로 장기 파동이 시작되는 계기가 되었다고 단정 지어 말할 수는 없다. 일본은 그보다 훨씬 전인 1853년부터 시작된 메이지유신으로 경제발전의 기초를 다졌다. 정치, 사회, 경제체제 전반의 개혁이 있었고, '탈아입구'의 슬로건 아래 서구의 발달된 문물을 받아들였다. 이와 같은 노력이 바탕이 되어 일본은 항공모함과 전투기, 자동차와 대포를 가지고 제2차 세계대전을 일으킬 수 있었다. 한마디로 과학기술이 세계 선진국 수준에 근접해 있었다는 것을 반증한다. 또한 제2차 세계대전으로 인하여 의학도 눈부시게 발달했다. 군수산업이 민간산업으로 전환되면서 일본 산업발전의 초석이 된 것이다.

일본에 비하면 한국은 결코 쉽지 않은 경제성장을 이뤄냈다. 1960년대 들어서 시작된 우리 경제의 파동은 이제 50년 주기의 마무리 국면에 들어가고 있다. 우리도 역시 전후 베이비붐 세대의 탄탄한 인구층을 바탕으로 고도의 경제성장을 이룩할 수 있었다. 하지만 우리나라는 일본과 달리 발달된 현대식 과학기술을 가지고 시작한 것이 아니다. 일본은 이미 1949년 유카와 히데키의 노벨 물리학상을 시작으로 지금까지 22명이 18개의 노벨상(공동 수상 포함)을 수상했다. 이 중 문학상(2명, 2개)과 평화상(1명, 1개)을 제외하더라도 물리학, 화학, 의학 분야에서 19명(15개)의 노벨상 수상자를 배출했다. 한국은 기초과학 분야의 탄탄한 토대가 없는 상태에서 고도의 경제성장을 이뤄냈다.

우리는 일본이 시들어가는 것을 보았다. 일본도 한때는 G2로 극진한 대접을 받는 나라였다. 1980년대 후반에는 일본의 경제 규모가 미국 GDP의 70%에 달했다. 전 세계 사람들이 스시와 사시미를 젓가락으로 먹을 줄 앎을 자랑거리로 삼았고, '곤니찌와' 한 마디 정도는 할 수 있어야 했다. 일본은 세계 모든 사람들의 경외의 대상이었다. 일본 경제발전론을 이야기하기 위한 것은 아니기 때문에 가볍게만 언급하고 넘어가면, 일본도 몇 번의 계기를 통해 성장의 기회를 잡는다.

일본이 신이 내린 선물이라고까지 말했던 첫 번째 기회는 바로 6·25 동란이었다. 제2차 세계대전 직후 일본이 패전국으로 초토화된 경제로 허덕거리고 있던 중 6.25가 터졌다. 옆집에서 전쟁이 터지면 기회가 되는 것이다. 두 번째 기회는 바로 1, 2차 석유파동이었다. 갑작스런 석유파동은 세계 경제를 극심한 침체로 몰고 갔다. 휘발유 가격이 급등했음은 말할 필요도 없다. 이전까지 비싸고 배기량이 큰 자동차를 타던 세계 소비자들이 값싸고 연비 좋은 자동차로 눈을 돌리는 계기를 만든 것이 바로 석유파동이었다. 그리고 그때 소비자들의 눈에 들어온 것이 토요타였다. 물론 혼다와 닛산을 포함한 일본 자동차 전체였다. 이전까지 굴러다니는 '깡통'으로 취급받던 토요타가 값싸고 연비 좋은 '자동차'로 대접받기 시작했다. 게다가 잔고장도 전혀 없었다. 이때부터 일본 자동차가 세계 시장을 휩쓸기 시작했다. 이쯤에서 일본 소니도 일을 냈다. 새로운 것을 발명하는 소질은 없지만 이미 나와 있는 제품을 작고 성능 좋은 것으로 바꾸는 카이젠改善에는 능숙한 일본인이 사고를 한방 거하게 쳤다. 바로 소니의 워크맨Walkman이다. 그때까지 라면 상자만큼 커다란 카세트 플레이어만 보던 세계인들이 깜짝 놀랐다. 소니 제품은 곧바로 전 세계 가전제품 시장을 장악했다. 이렇게 두 번의 기회를 잡고 일본은 1980년대 세계 시장을 휩쓸었다. 글로벌 임밸런스의 주범이 되는 영광(?)도 얻었다.

그러던 중 하늘을 나는 새도 떨어뜨리던 일본의 위세를 꺾어버리는 사건이 연이어 터졌다. 이로 인해 세계 2위의 경제대국으로 급부상하면서 기염을 토하던 '재팬주식회사'도 일장춘몽처럼 끝이 났다. 일본이 일어서게 된 계기도 두 가지이지만 꺾이게 된 계기도 두 가지였다. 그 첫 번째는 1985년의 플라자 회담이었다. 1985년 9월, 뉴욕 플라자호텔에 미국, 영국, 프랑스, 독일, 일본 선진 5개국 재무장관들이 모였다. 글로벌 임밸런스의 주범들을 혼내주기 위한 자리였다. 회담의 결과로 나온 플라자합의Plaza Accord는 '외환시장 개입에 의한 달러화 강세 시정'을 결의했다. 결의의 내용은 미국 무역수지 개선을 위해서 정부의 협조개입을 통해서라도 일본 엔화와 독일 마르크화의 평가절상을 유도하자는 것이었다. 말이 합의였지 실질적으로는 반 강제적인 조치였다. 이 합의로 서독 마르크화와 일본 엔화가 급격하게 평가절상되었다. 일본 엔화의 경우 대미 달러 환율이 합의 이전 250엔 수준에서 합의 이후 125엔 수준으로 절반이 뚝 잘려나갔다. 이후 몇 년에 걸쳐 추가 하락이 진행되었고, 90년대 초반에는 80엔대까지 하락을 지속했다. 1985년에 비하면 1/3 토막이 난 셈이었다. 엔화의 평가절상은 일본 기업들의 수출 경쟁력에 결정적인 타격을 가했다. 플라자합의 직후에는 그럭저럭 버텼다. 일본 기업들은 원가절감 노력으로 환율 강세에 적응해갔다. 그러나 장기적인 차원에서 '재팬주식회사'의 글로벌 경쟁력을 꺾어버린 가장 큰 사건이었다는 데는 이론이 없다.

두 번째는 잘 알려져 있다시피 부동산 버블 붕괴였다. 플라자합의는 궁극적으로 일본 침몰의 핵심적인 원인이었지만, 당장은 일본의 대외 위상을 갑작스레 높여줬다. 엔화가 두 배로 강세가 되니 달러 기준 일본의 1인당 국민소득이 두 배로 급등했다. 해외 소비 여건도 두 배나 좋아졌다. 특히 좋아진 것은 해외 부동산 투자였다. 이전까지만 해도 해외 부동산이 너무나 비싸 감히 엄두도 내지 못했는데, 어느 순간부터 미국 부동산이 일본 부동산보다 값싸 보이기 시작했다. 미국 부동산을 집중 매입하기 시작한 것이 이때다. 특히 하와이는 일본 땅이라고 할 정도로 일본인들의 부동산 투기가 집중된 곳이었다. 그러던 부동산 버블이 어느 날 갑자기 붕괴되기 시작했다. 신화神話가 무색하리만치 깨졌다. 1988년 80 내외였던 일본 주요 대도시 지가지수는 1991년 붕괴 직전에는 240 수준까지 폭등했다. 불과 3~4년 만에 세 배로 뛰어올랐다. 그리고 부동산 가격 폭락이 뒤따랐다. 일본 주요 대도시 지가는 몇 년에 걸쳐 80 수준으로 되돌아갔다. 올랐던 가격이 빠진 것뿐인데 상관이 있겠냐 싶기도 할 것이다. 그러나 가격이 올라가는 동안 더 비싼 집으로 옮겨 타려는 욕구로 매매거래가 늘면서 대출도 함께 늘었다. 거품이 걷히면서 '깡통주택'이 되었고, 일본의 베이비붐 세대가 통째로 부실화되었다.

이렇게 일본 경제의 장기 파동은 마무리되었다. 일본은 경제성장이 영원히 지속될 줄 알았다. 재팬주식회사는 세계에서 계속 군림할 것이고, 부동산 불패신화는 영원히 깨지지 않을 것으로 믿어 의

심치 않았다. 그러나 그 믿음은 여지없이 깨져버렸다. 제2차 세계대전 이후 단카이 세대의 먹고살기 위한 처절한 노력이 만들어낸 경제 부흥은 결국 그들의 퇴장과 함께 끝을 보게 되었다. 1990년대 이후 20년을 잃어버린 세월로 보내고 있다. 이제 일본은 아베 총리가 들어서면서 일본 부흥의 기치 아래 아베노믹스 정책을 내걸었다. 무한 양적 완화까지 동원하면서 디플레이션의 악순환을 끊어버리겠다고 덤빈다. 제조업 중심 성장의 한계와 인구구조 문제로 위축될 대로 위축된 경제 심리와 사회 전반에 확산된 비관론을 털어버리겠다고 하고 있다. 일본은 20년이나 고생하고 난 지금에서야 비관론과 디플레이션의 무서움을 배운 것 같다.

이제 우리도 장기 상승 파동이 마무리되는 시점에 도달했다. 우리의 기업들은 세계 최고의 경쟁력을 즐기고 있다. 1960년대에는 미국 가전제품이 세계 최고였고, 1980년대 들면서는 일본 제품이 세계 최고를 구가했다. 2000년대 들면서는 한국 제품이 일본 제품을 제치고 세계 1등으로 올라섰다. TV, 냉장고, 시스템 에어컨 모두 한국 제품이 세계 최고 품질을 자랑한다. 휴대전화의 혁신은 애플이 시작했지만 그 혜택은 가장 빨리 베껴낸 삼성전자에게로 돌아갔다. 스마트폰으로의 패러다임 전환에 적응하지 못한 기업들이 망가지는 사이 삼성전자가 세계 시장점유율 1위로 올라섰다. 메모리 반도체는 치킨게임을 주도하면서 독일의 키몬다를 파산시켰고, 일본 업체들의 산업 합리화를 초래했다.[13] 자동차도 세계 선두권의 품질을 거의 따라잡고 있다. 10년, 20년을 타도 잔고장이 별로 없는 자동차를 만들고 있다. 이뿐만이 아니다. 웬만한 세계 시장점유율 1위를 기록하는 중소기업들도 셀 수 없을 정도로 많다. 제조업에 관한 한 지금은 우리 기업들이 세계 1등이다.

제조업이 세계 1위라는 것은 곧이어 경쟁력이 꺾이게 될 것임을 의미한다. 제조업은 태어나는 그 순간부터 뼈를 깎는 경쟁에 직면하게 된다. 제조업의 숙명이다. 탄생 초기에는 품질은 떨어지지만 저렴한 노동력에서 나오는 가격 경쟁력을 바탕으로 시장을 넓혀갈 수 있다. 기업이 성장하면서 품질 경쟁력, 효율성에 투자를 하기 시작한다. 그러면서 고부가가치 제품, 세계 1등 제품이라는 모든 기업인들의 꿈이 실현된다. 그러나 그 꿈이 실현되는 바로 그 순간, 세계 어느 구석에는 지금은 비록 저렴한 노동 경쟁력을 바탕으로 저부가가치 제품을 만들지만 언젠가는 세계 1등을 이룩하고 말겠다는 뜨거운 투지를 불태우는 기업가가 존재하기 마련이다. 마치 공룡이 지배하던 시기 지구의 어느 한 귀퉁이에서 살아남기 위해 처절한 생존 경쟁을 벌였던 인류의 먼 조상처럼.

생산 공정의 경쟁력은 언젠가는 무너지게 마련이다. 모방경제는 또 다른 저원가의 모방경제에 결국 밀린다. 시간문제일 따름이

---

13 산업 합리화는 구조조정의 일본식 표현이다.

다. 무너지지 않으려면 모방에서 혁신으로 넘어가든지, 제조에 서비스를 더해야 한다. 그러나 그것이 말처럼 쉬운 일은 아니다. 교육에서부터 문화까지 사회 전체가 모방을 위한 체제로 전열을 정비했는데, 갑자기 혁신 체제로 재정비한다는 것이 여간 어렵지 않다. 물건만 잘 만들면 알아서 팔린다는 제조업에서 고객의 지갑을 열기 위해서는 어떤 것도 다 맞춰야 하는 서비스업으로 마인드를 바꾸는 것도 하루아침에 되는 것이 아니다. 일본도 무너졌다.

우리나라는 일본과 모든 면에서 유사한 조건을 갖췄다. 성장의 과정도 유사했다. 일본이 6·25 동란이라는 기회를 잡았다면 우리는 베트남전이라는 특수가 있었다. 일본에게 1, 2차 석유파동이 있었다면, 우리에게는 서브 프라임 위기가 있었다. 일본에는 단카이 세대가, 우리에게는 베이비붐 세대가 있다. 이렇게 성장의 원천이 비슷한 만큼 새로운 성장동력을 찾기 어렵다는 점도 유사하다. 대부분 성장동력으로 작용했던 요인들이 이제는 장기 침체의 요인이 되고 있다.

이제 우리나라도 지난 50년 동안의 압축 성장을 마무리하고 저성장기로 접어들고 있다. 2%대의 성장률이 전혀 낯설지 않다. 앞으로 5년 또는 10년 후에 성장률이 1%대로 주저앉는다고 해도 어색하게 느껴지지 않을 것 같다. 50년간의 콘드라티에프 장기 파동을 마무리하는 국면에 도달해서, 이대로 놔두면 일본처럼 '잃어버린 20년'을 보내야 할지도 모른다. 압축 성장의 문제가 노정될 시기다. 그

동안은 성장의 혜택이 부작용의 어두운 면을 덮어왔다. 그러나 이제 경제가 활력을 잃어가면서 부작용의 그늘이 넓게 드리워지는 시기가 도래했다. 불균형과 양극화, 저출산과 고령화, 자산 디플레와 비관적 전망까지.

모방에서 혁신으로의 머나먼 여정

기업이 혁신하는 것이 아니라 혁신 기업이 탄생하는 것이다.

혹자는 우리나라도 혁신경제로 넘어가야 한다고 주장한다. 노벨상 수상자 크루그먼의 말처럼 땀이 아니라 영감의 경제로 넘어가야 한다는 것이다. 모방으로 성장하는 것은 중진국의 한계를 벗어날 수 없기 때문에, 여기서 주저앉지 않고 선진국이 되기 위해서는 혁신이 필요하다고 본다. 박근혜 정부에서 창조경제를 내세우는 것도 그런 이유에서다. 또 재미 사업가 김종훈 씨를 미래창조과학부 장관으로 내정했던 것도 이런 측면에서는 이해가 간다(지지한다는 의미는 아니다). 모방경제에 익숙한 우리 국민이나 관료, 그리고 사회 및 경제 시스템을 흔들어놓기 위함이었을 것이라고 이해한다. 그렇게 해서 벤처 생태계를 만들려는 시도였으리라. 그러나 혁신의 경제로 넘어가는 것이 그리 쉬운 일은 아니다. 제조 마인드에서 서비스 마인드로 넘어가는 것도 무척이나 어려운 것인데, 모방에서 혁신으로 넘어간다는 것은 지난한 일이다. 알다시피 삼성도 스마트폰의 진가를 미리부터 알아본 것은 아니다. 아이폰의 성공에 대한 대응이 가장 빨랐던 것뿐이다.

혁신이란 지난한 길이다. 한 번도 가보지 않았던 길을 가야만 한다. 가장 앞서서 가기 때문에 그 누구보다 먼저 탐험의 이익을 얻는다. 보물섬을 찾아 나섰다면 가장 많은 보물을 챙길 수 있다. 그러나 자칫 길을 잃게 되면 되돌아오지 못하는 낭떠러지로 떨어질 수도 있다. 그래서 혁신은 고독한 결단을 요구한다. 삼성이 스마트폰의 진가를 알아보지 못한 것이 아닐지도 모른다. 진가를 알아봤다고 하더라도 위험이 따르는 고수익을 따르느니 위험이 적은 2위가 낫다고 판단했을 수도 있다. 그리고 그 판단이 삼성의 입장에서는 가장 현명한 판단이었을지도 모른다. 삼성은 이미 지켜야 할 이익이 너무 커졌다. 위험을 걸기에는 포기해야 하는 것이 너무 많아진 것이다. 이미 소니를 넘어서서 세계 1등 기업이 되어버렸다. 소니가 브라운관 TV 시장을 꽉 잡고 있던 시기, 영원한 2위 삼성은 1등이 되기 위해서라면 독배라도 들었을 것이다. 아날로그 시장에서 1등을 하는 것을 포기하고 디지털 시장으로 상륙작전을 감행했다. 삼성의 전략은 주효했다. 소니의 아성을 무너뜨리고 1등이 된 것이다. 물론 말하기 좋아하는 사람들은 소니가 아날로그 시장에서 달콤한 이익을 따먹는 사이, 디지털로 전환하는 노력을 게을리했다고 비판한다. 하지만 소니의 입장에서 완전히 새로운 모험을 감행할 수 있었을까? 자신이 기득권을 가지고 있는 아날로그 시장을 포기하고 완전히 새로운 시장으로 넘어가는 것이 쉬웠을까. 그 어느 경영자도 그런 고독한 결단을 내리기 쉽지 않다. 오직 2등만이 할 수 있는 것, 1등은 절대로 할 수 없는 것이 혁신이다.

소니는 워크맨을 가지고 세계 시장을 제패했다. 물론 소니의 브라운관 TV도 세계 최고였다. 거칠 것이 없는 회사였다. 그런 소니가 내리막을 걷게 된 원인은 무엇인가. 세상이 HD TV에 올인all-in하는 사이 소니는 브라운관 TV가 가져다주는 이익을 과감하게 포기하지 못했다. 세상은 디지털로의 혁신을 모색하는 동안 소니는 워크맨을 디스크맨(CD플레이어)으로 대체하는 웹 1.1 변화를 선택했다. 그 사이 시장은 MP3플레이어라는 웹2.0 혁신을 만들어냈고 시대를 풍미하던 워크맨, 이후의 디스크맨은 흔적도 없이 사라졌다. 물론 MP3플레이어도 스마트폰이 나오면서 역사의 뒤안길을 가게 되었다. 과연 소니 몰락의 원인이 경영 전략의 구루들이 말하는 것처럼 모험과 혁신을 선택하지 않은 잘못 때문일까. 어쩌면 예정되어 있는 운명처럼 기업 차원에서는 피할 수 없는 것이지 않을까. 몰락하지 않을 수 있었다면 어째서 미국의 제니스 TV나 코닥필름이 망했을까. 어째서 카네기의 US스틸이 망했으며, 크라이슬러가 그리고 뒤이어 GM과 포드가 쇠락의 길을 걷게 되었을까. 혹자는 끊임없는 혁신을 통해 살아남은 기업의 대표적인 사례로 IBM과 GE를 꼽는다. 그러나 IBM은 관련 서비스업으로 변화한 것뿐이고 혁신이라고 할수는 없다. GE는 돈 안 되는 사업을 팔아치우고 돈 되는 사업을 사들인 것이지 사업 자체가 혁신을 했다고 보기는 어렵다.

소니는 미국의 제니스를 등대삼아 항해를 했고, 제니스가 좌초되는 것을 보면서 암초를 피해 방향타를 돌렸다. 그러나 소니가 세계 1등이 되면서 길을 가리켜주는 등대가 없어졌고, 혼자서 험한 바

닷길을 헤쳐 나가야만 했다. 달랑 나침반 하나만 들고 북극성을 쳐다보며 길을 찾아나가 보지만 정해진 항로가 있는 선박의 항해와는 달리 비즈니스의 세계에는 정해진 항로가 없다. 한번 삐끗하면 끝장이다. 스마트폰에 무너진 노키아처럼 한 번 뒤집어진 경쟁력은 되돌릴 수 없다. 소니가 쇠락의 길로 들어선 것은 어쩌면 혁신을 하지 못해서가 아니라 앞에서 먼저 망하면서 길을 가리켜주던 1등이 없어져서가 아닐까 하는 의문을 품게 된다. 1등이란 언젠가는 꺾이게 되어 있는 법인데, 마치 혁신을 하면 꺾이지 않을 것처럼 호도하고 있는 것은 아닌지.

혁신은 기업 차원에서는 참으로 어려운 일이고, 그래서 국가 경제 차원에서 해야 하는 일이다. 개별 기업은 망하더라도 항상 새로운 기업들이 들어서면 경제는 끊임없이 성장한다. 구글, 트위터, 페이스북이 경쟁력을 잃어 허물어져가는 제조업을 대체하고 있는 미국이 그 예다. 마이크로소프트의 가장 큰 경쟁자는 지금쯤 어딘가 차고garage에서 새롭게 태어나고 있는 기업이라고 빌 게이츠 회장이 말한 것처럼, 새로운 혁신 기업이 끊임없이 태어나는 한 기존 기업들이 경쟁력을 잃어가는 것은 대수로운 일이 아니다. 기존 기업들은 후발 국가들의 모방 기업들에 의해 경쟁력을 잃어가고 그사이 새롭게 태어나는 혁신 기업들이 그 자리를 차지하는 것이다. 어쩌면 새롭게 태어나는 혁신 기업들이 업종과 상관없이 기존 기업들의 경쟁력을 허물어버리는 것일 수도 있다.

혁신 기업들이 끊임없이 올라오기 위해서는 벤처 문화, 벤처 생태계가 조성되어야 한다. 벤처 정신이 있는 경우에만 가능한 일이다. 차고 한 구석에서 자신이 꿈꾸는 비전을 가지고 새로운 사업에 도전하는 젊은 기백이 있는 문화가 만들어져 있어야 한다. 또한 그런 사람들이 모여서 서로 정보와 기술을 공유하고, 벤처 금융이 어우러져 돌아가고, 그 결과로 새로운 상승 동력이 뿜어져 나오는 생태계가 있어야 한다. 이런 정신, 문화 그리고 생태계가 자연발생적으로 생겨나는 것은 쉬운 일이 아니다. 유럽은 전쟁의 역사였고 대항해의 시대를 보냈다. 모험과 용기의 역사였다. 미국은 탄생 자체가 프런티어정신, 개척정신이었다.

혁신의 생태계가 형성되기 위해서는 문화나 교육 체계를 새롭게 뜯어 고쳐야 한다. 모방의 문화를 발명의 문화로 바꿔야 하고, 정주나 안정희구의 문화를 모험과 용기의 문화로 바꿔야 한다. 기회는 단 한 번뿐이 아니라 두 번째 기회a second chance가 당연한 것으로 받아들여져야 하고, 실패하면 매장되는 것이 아니라 격려와 응원을 받는 문화가 되어야 한다. 그러나 안정희구적인 사회의 흐름을 거슬러서 모험과 도전의 분위기를 만들어내는 것은 여간 어려운 일이 아니다. 또한 당장 돈이 되지 않는 기초 R&D가 중요시되어야 한다. 정부와 기업들이 기초 R&D를 위해 아무 대가 없이 돈을 쏟아붓고, 어떻게 돈을 썼는지 감사도 없으며, 하다못해 연구결과가 제대로 나오지 않아도 그 사람의 신용 하나를 믿고 지원해줄 수 있는 기초 R&D 체제가 갖춰져야 한다. 나비효과butterfly effects를 발표한 기상학자 로렌츠와 함께 카오스이론의 선구자로 꼽히는 스티븐 스메일은 페르미연구소에 취직한 이후 수년이 지나도록 단 한 편의 논문도 발표하지 못하면서 수시로 비행기 출장만 다녔다. 하지만 페르미연구소는 그를 믿고 기다려줬다. 결국 그는 카오스이론을 발표하면서 수학의 노벨상이라고 부르는 필즈 메달을 수상했다. 그가 비행기를 탔던 이유는 어떤 과학 원리로 구름이 뭉치기도 하고 흩어지기도 하는지를 눈으로 보기 위함이었다고 한다. 기초 연구에 대한 이 정도의 투자는 있어야 R&D 스톡이 형성될 수 있다. R&D 스톡은 혁신 생태계의 기본이다.

문제는 이런 것들이 하루아침에 만들어지는 것이 아니라는 점이다. 우리 문화는 모험의 문화가 아니다. 우리는 정주민족으로서 유목민족과는 완전히 다른 문화가 형성되었다. 비단 한국만이 아니다. 일본은 어찌 보면 한국보다 훨씬 더 혁신이 불가능한 문화와 교육 체제를 가졌다. 구성원들은 어려서부터 국가 또는 사회라는 거대한 조직의 일원으로 사는 법을 배운다. 학교는 '부품으로서 사는 법'을 가르치고, 문화는 사회적 압력을 가한다. 더구나 발명의 시대를 자기 발로 걸어보지 않고, 서구에서 한 것을 베껴서 압축 성장한 나라다. 경제발전의 역사가 모방의 역사뿐인데 발명이나 혁신은 기대하기 어려운 것 아닌가. 어차피 스마트폰은 일본에서도 한국에서도 생각해내지 못하긴 마찬가지다. 유럽에서 연금술 이후 수백 년 동안 기초 R&D가 쌓여서 산업혁명이 시작되지 않았는가.

우리나라에 미래가 없는 것은 아니다. 쉬운 일은 아니지만 그렇다고 불가능한 것도 아니다. 우리나라는 한 번 완전히 뒤집어본 경험이 있는 나라다. 우리는 일본처럼 세계대전을 일으킬 정도로 벌였던 나라도 아니다. 과학기술이 발달하지도 않았고, 산업기반이 있었던 것도 아니다. 일본보다 훨씬 더 열악한 여건을 딛고 빈곤 함정을 벗어난 나라다. 1960년대 '잘살아보세'의 새마을운동으로 게으르기 그지없던 국민을 세계에서 가장 부지런한 국민으로 바꿔놓았다.[14] '엽전'이라는 패배의식을 깨끗이 정리하고 우리도 할 수 있다는 긍정의 에너지가 넘치는 문화로 바꿨다. 존재가 의식을 지배한다고 하지만 때에 따라서는 의식이 존재를 지배하기도 하는 법이다. 다시 한 번 의식개혁에 성공한다면 못할 것도 없다. 개미지옥에 빠져 있는 사교육도 바꿔낼 수 있다. 과도한 안정희구적인 성향, 인생은 대학 졸업장 순이라는 의식을 바꾸면 충분히 해낼 수 있다. 더욱이 지난 20년 가까운 기간 동안의 해외 조기유학 열풍이 어찌 보면 국가적 낭비인 것으로 보이지만 다른 면으로는 우리 아이들을 글로벌 인재로 만든 효과도 있었다고 본다. 지금 새롭게 올라오는 젊은 세

---

14 필자가 이와 같은 견해를 100% 견지하는 것은 아니다. 다만 우리나라의 기적적인 경제발전을 과장하여 미화하기 위한 표현임을 밝혀둔다.

대들은 이미 글로벌 감각을 몸으로 익히고 글로벌 수준에서 행동하고 있다. 젊은 세대들에게 힘을 실어주고 그들이 마음껏 활동할 수 있는 여건을 만들어준다면 새로운 혁신의 문화를 만들 수 있다. 스크린 쿼터 없앨 때 우리 모두가 우리 영화도 할리우드에 잠식당해서 없어질 것이라고 생각했지만 우리 영화산업은 점점 더 경쟁력을 갖춰갔다. 전 세계 영화산업이 멸종의 길을 걸어갈 때 유독 우리 영화산업만 할리우드에 굴복하지 않고 오히려 질적, 양적으로 더 탄탄한 영화를 만들고 있다. 우리는 고유의 대작 영화를 만들어낼 줄 아는 민족이다. 도저히 불가능할 것이라고 믿어 의심치 않던 스프린트 스케이트와 피겨 스케이트에서도 금메달이 나오고, 체조, 펜싱에서도 메달을 따내고 있다. 무엇이든지 한번 하겠다고 덤비면 얼마든지 세계 1등을 해낼 수 있다.

문제는 '어떻게' 하느냐다. 기초 체력 없이 선두에 나섰다가는 일본처럼 낭패를 보기 십상이다. 대기업 몇 개가 쓰러지더라도 새로운 기업들이 올라서서 빈자리를 대신해주거나 새로운 혁신 기업들이 올라서서 대기업들을 쓰러뜨리는 구조가 만들어지기 전에는 쉽게 선두로 나설 수 없다. 이미 말했지만 혁신 생태계는 단시간 내에 만들어낼 수 있는 것이 아니다. 서구 국가들도 300~400년이 소요됐다. 우리가 압축해서 생태계를 만든다고 해도 이 또한 수십 년 이상이 소요된다. 대덕연구개발특구의 사례를 봐도 그렇다. 대덕특구는 1973년 1월 박정희 대통령이 과학입국科學立國의 목표 아래 조성했다. 5년간의 조성공사 끝에 1978년부터 연구소들의 입주가 시작되었다. 당시 박정희 대통령은 최고의 대우를 보장해주면서 미국 등지의 한인 연구원들을 초빙해 최고 수준의 연구개발단지를 만들려고 했다. 이와 같은 노력의 결과로 대덕특구는 2010년 현재 정부출연기관, 대학, 기업 등 모두 1,200여 개의 기관에서 연구인력 5만여 명이 모여 연간 6조 5,000억 원의 연구개발비를 사용하고, 출원한 특허만 누적 기준 11만 건을 넘는 연구단지로 자리를 잡았다. 특히 정보통신 분야에서는 세계 최고 수준급으로 평가되고 있다. 대덕특구는 이후 김대중 대통령 시절 벤처 붐이 일어날 수 있는 토대가 되었다. 다시 말하면 연구특구를 조성해서 그 결과물이 벤처로 태어나는 데 근 25~30년이 걸린다는 것이다.

지금 혁신경제로 넘어가기 위해서는 우리나라가 최소 25년 전부터 대대적인 R&D 투자를 해왔어야 한다. 특히 민간의 상용화 R&D가 아니라 기초 R&D 분야가 중심이어야 한다. 그러나 우리나라는 대덕특구 하나를 제외하고는 제대로 된 연구개발특구를 만들어놓지 못했다. 이후 수십 년간 과학기술에 대한 푸대접으로 이공계 기피 현상이 나타났다. 인문학도 푸대접 받기는 마찬가지다. 과학기술보다 더 먹고사는 데 도움이 되지 않는 학문이니 취업하기 힘들고, 학생들에게도 비인기학과가 되어버린 지 오래다. 과학기술과 인문학이 만나야 발명이 탄생할 텐데 하나는 3D 업종으로 취급받기 시작한 지 오래고 또 하나는 굶어죽기 딱 알맞은 학문이 되었다. 요즘 공부깨나 한다는 학생들은 전부 법과, 경영학과, 의과로만 진학하는 추세가 아닌가. 의과도 최고의 응용 의학인 성형외과로만 몰린다. 이렇게 해서는 혁신경제로 넘어갈 수 없다. 당장 혁신경제로 넘어갈 준비가 되지 않은 것이다.

일본은 우리에게 참으로 고마운 나라다. 우리보다 정확하게 한 발 먼저 가면서 우리에게 앞날을 다 보여줬다. 처음에는 먼저 발전하면서 경제개발의 길을 보여줬고, 지금은 먼저 시들어가면서 이렇게 하면 안 된다는 것을 몸으로 보여줬다. 우리는 일본이 넘어지는 것을 보면서 명확하게 배운 것이 하나 있다. 미국이나 중국과 같이 자원이 많은 나라는 쓰러져도 다시 일어설 수 있지만 일본이나 우리나라처럼 가진 것이 없는 나라는 한 번 넘어지면 다시 일어나는 것이 힘들다는 것이다. 미국은 1929년의 세계대공황 급에 달한다는 경제위기인 서브 프라임 사태를 불과 몇 년 사이에 딛고 다시 일어서고 있다. 유럽 전체를 합한 것보다도 경제 규모가 컸던 중국은 1840년 아편전쟁 이후 순식간에 세계 꼴찌 국가로 추락했다. 그렇게 150년 동안 길고 긴 잠 속에 빠졌다가도 불과 30년 만에 세계 2위 국가로 올라섰다. 하지만 일본은 아직도 추락 중이다. 국가 부채비율이 200%를 넘어설 정도로 막대한 재정을 쏟아붓고 있는데도 추세적 하강 기조를 돌려세우지 못했다. 한때 미국 GDP의 70% 수준에 육박했던 경제가 지금은 40%로 내려앉았다. 그리고 여전히 고생 중이다. 아베노믹스를 필두로 추세를 돌려세우기 위해 애를 쓰고 있지만 그 결과는 아직도 미지수다. 일본 경제의 흥망을 보면 우리가 가야 할 길이 훤히 보인다. 혁신경제를 향해서 앞서나가는 것은 위험한 일이다. 아직 혁신 준비가 제대로 되지 않았기 때문이다. 우리에게 최선의 길은 모방경제를 최대한 유지하면서 장기간의 시간을 가지고 혁신경제로 이행하는 것이다.

모방도 능력이다. 발명은 못하더라도 빨리 베껴낼 수만 있다면, 세계 최고의 마케팅 역량을 가지고 시장을 장악하면서 갈 수 있다. 제품이 좋다고 해서 항상 히트 치는 것은 아니다. 조금 떨어지는 제품이라도 회사의 다른 역량으로 베스트셀러 작품으로 바꿔놓을 수 있다. 예를 들어 세계 유수의 제약회사들이 항상 신제품으로 시장을 장악하고 있는 것은 아니다. 효능이나 원가 경쟁력 측면에서 자사의 제품이 타사의 신약 후보물질보다 떨어지더라도 이미 구축되어 있는 브랜드 인지도, 마케팅 채널, 막강한 자금력 등을 무기로 시장을 리드한다. 가전제품도 마찬가지다. 사실 새롭게 추가되는 기능은 누구 할 것 없이 서로 서로 베낀다. 원래의 발명품과 똑같이 베끼는 경우도 있고, 똑같지는 않아도 새로운 기능을 추가하면서 차별적인 경쟁력을 내세울 수 있다. 스마트폰의 경우처럼 빨리 그리고 잘 베껴내면 원 발명자를 제치고 세계 1위를 꿰찰 수도 있다. 물론 베끼지도 못하는 사태가 온다면 노키아처럼 붕괴의 길을 걷게 될 수도 있기는 하다. 그래서 베끼는 능력을 최상의 수준으로 유지할 필요가 있다.

혁신을 향한 발걸음도 재촉해야 한다. 정부와 기업이 역할 분담을 하고, 산·학·연이 네트워크를 구축하여 혁신의 생태계를 만들어가야 한다. 창조성을 높여주는 의식과 교육 개혁, 이공계를 선호하는 사회 분위기 조성과 함께 기초 R&D를 키워야 한다. 다만 이런 것들은 하루아침에 이루어지는 것이 아니므로 장기간 계획을 가지고 진행해야 하는 일이다. 대덕연구개발특구와 같이 최소 20년 이상 걸려야 결실을 맺을 것이라는 점을 명심하고 기다릴 수 있어야 한다.

인구 파동의 함정

경제는 인구의 파동이다.

잃어버린 20년의 기간을 보내면서 일본 경제학자들이 금과옥조처럼 신봉하는 문장이다. 그도 그럴 것이 1980년대까지만 해도 일본은 노동의 양적 투입이 문제가 될 것이라고는 생각도 상상도 못해봤다. 사정은 우리도 마찬가지였다. 베이비부머들이 탄탄한 인구층을 형성하며 20년 이상 지속되었기 때문에 꽤나 오랜 기간 동안 노동력이 충분히 공급될 수 있었다. 노동력은 정말로 흔하디 흔한 것이었다. 맬서스의 인구론에서처럼 국민소득이 노동 공급을 적정 수준으로 지속해주는 것이든지, 마르크스의 말처럼 끊임없는 농촌 해체가 일어나면서 도시 유입 인구로 노동 투입이 보장되든지, 해석은 어느 쪽이라도 관계가 없었다(사실은 후자에 더 가깝다. 더 이상 해체할 농촌이 남아 있지 않을 때까지에 한정해서다). 수십 년간 노동의 양적 투입은 문제가 아니었다. 오히려 대도시로 몰려들어오는 사람들에게 양질의 일자리를 제공하는 것이 더 큰 문제였다. 노동 공급이 수요를 초과하는 시기였다. 관건은 노동력의 질적 향상이었다. 생산성 향상이 이루어질 수 있도록 또는 창조성이 발현될 수 있도록 질적으로 우수한 노동력을 만들어내는 것이 경제성장의 전제조건이었다.

급기야 1970년대 박정희 대통령은 본격적인 산아제한 조치를 시작한다. '딸, 아들 구별 말고 둘만 낳아 잘 기르자'라는 표어를 시작한 것이 아마도 1973년이었을 것이다. 산아제한이란 요즘은 여성의 관점에서 가족계획으로 접근하는 의미가 더 크기는 하지만, 본디의 이론적 근거는 맬서스 인구론의 과잉인구에 대한 대책에서 출발하고 있다. 맬서스는 인구론에서 임금은 항상 과잉인구로 인해 최저수준에서 유지될 수밖에 없다고 보았다. 노동 공급 과잉의 상황이다. 산아제한은 우리나라 출산아 수의 감소를 촉발했다. 산아제한조치 이후부터 출생아 수가 급감하기 시작했다. 물론 경제발전은 필히 저출산 문제를 수반한다. 미개발 국가들은 영양 공급이나 의술 등 다양한 것들이 원인이 되어 영유아 사망률이 높을 수밖에 없고, 다음 세대로 유전자를 전달해야 하는 부모의 입장에서는 다산多産보다 좋은 전략을 찾기는 어렵다. 그러나 경제가 발전함에 따라 감사減死가 일어나면서 소산少産이 더 좋은 전략으로 바뀌게 된다. 지금 우리는 소산소사少産少死의 시대를 살고 있다. 어쩌면 소산소사도 넘어서고 있는지도 모른다. 출산관은 하나보다는 둘이나 셋으로 바뀌고 있는데, 아예 결혼을 하지 않는 사람들이 늘어나는 구조다. 국가 전체적으로 보면 소산소사라는 결과는 동일한데 그 형태는 '많은 결혼과 1자녀'와 '적은 결혼과 2~3자녀'의 차이를 보이는 것이다. 어쨌든 결과적으로는 베이비붐 세대가 20년간 연 80~90만 명 정도 태어났다면, 2010년 전후에는 연 45만 명 내외로 줄어들었다. 연령별 출산아 수가 절반으로 내려앉은 것이다.

우리나라도 이제는 노동의 양적 투입이 본격적인 문제가 되고 있다. 인구 파동의 감소 국면 들머리에 서 있는 것이다. 2017년 3,600여 만 명을 정점으로 생산가능 인구(15~64세 인구)가 감소세로 돌아설 것이다. 65세 이상 인구가 총인구에서 차지하는 비율이 7% 이상인 고령화 사회Aging Society는 이미 지난 지 오래고, 조금 있으면 14%를 넘어서는 고령 사회Aged Society도 지나 2026년에는 20%를 넘어서는 초고령 사회post-aged society가 될 것으로 예상하고 있다. 현재 이미 23%를 넘어서서 초고령 사회로 진입했고 2025년 즈음에는 27% 수준에 도달할 일본만큼은 아니지만, 우리나라도 고령화가 남의 문제만은 아닌 상태에 도달했다. 생산가능 인구가 줄어들고, 노인 수의 자연 감소 역시 극적으로 감소하면서 노인 부양비율은 하늘을 찌를 정도로 높아져갈 것이다. 노인 부양비율이 높아진다는 것은 그만큼 젊은 세대의 부담으로 작용한다. 노인들이 젊어서 저축해둔 돈으로 젊은이들에게 부담주지 않고 살 것인데 무엇이 문제냐고 이야기할 수 있다. 그러나 그것은 화폐적 착각이고 노년 부양 부담은 실물적 측면에서 봐야 한다.

예를 들어 젊은이 한 명이 쌀 한 가마를 생산하는 경제를 가정해 보자. 고령화율이 10%라는 뜻은 젊은이 100명이 쌀 100가마를 생산해서 노인 10명과 함께 110명이 100가마를 소비한다는 뜻이다. 1.1명이 1가마를 소비하는 경제다. 그 정도면 생활이 가능하다. 그런데 고령화율이 100%라고 가정하면 200명(젊은이 100, 노인 100)이 100

가마를 소비한다. 즉 두 명이 한 가마를 소비한다. 이 정도면 영양실조가 된다. 노인들이 아무리 많은 돈을 저축하고 있어도 소용이 없다. 결국은 젊은이들이 생산한 쌀 100가마 중에서 사먹는 것이기 때문이다. 노인들이 돈이 많으면 쌀값이 비싸지고, 돈이 적으면 쌀값이 덜 오른다는 차이가 있을 뿐이다. 그래서 사회 전체적으로는 노인의 숫자에 비해 젊은이의 숫자가 많아야 한다. 젊은 세대의 입장에서는 열심히 일해서 노인 부양하다가 허리가 휜다. 노인 세대는 저축한 돈은 뻔한데 쌀값은 마냥 올라가고 90까지 살까 봐 걱정해야 하는 상태가 된다. 이런 경제는 지속가능하지 못하다. 일본의 '잃어버린 20년'처럼 늙어가는 인구구조, 즉 고령화의 한계를 뛰어넘지 못하는 것이다.

일본에는 한계부락限界部落이라는 용어가 있다. 65세 이상 인구의 비중이 50%가 넘어서는 농촌 마을을 의미한다. 일본의 고령화 수준이 초고령 사회인 23%를 넘어섰기 때문에 마을 단위에서 50%를 넘는 곳은 많이 나올 수 있을 것이다. 한계부락은 고령자가 너무 많아서 지역사회가 유지되기 어려운 지경, 즉 마을로서의 지속가능성 측면에서 한계에 부닥친 부락이다. 생필품을 사려면 보행보조기를 끌고 30분 이상 걸어가야 한다. 고령화로 소아과, 학교 등이 문을 닫고, 이런 생활기반시설이 문을 닫으니 청년층이 또 도심으로 빠져나가면서 고령화가 심화되는 악순환이 발생한다. 처음에는 10

분만 걸어가면 가게가 있었는데, 악순환이 지속되면서 30분을 걸어가도 가게를 만나기 어려워지다가 어느 순간에는 생필품을 구할 수 없는 환경에 놓이게 된다. 이른바 생필품 난민生必品 難民이다. 노인들만 모여 살다 보니 우울증, 무기력증이 페스트처럼 전염되어 나간다. 주민 간 모임활동도 뜸해지면서 고독사도 늘어난다.

이런 인구 파동의 문제를 일본은 몸으로 다 겪고 넘어가고 있다. 1947~1949년 3년 동안의 단카이 세대團塊世代가 먹고살기 위해 도시로 모여들면서 일본 경제의 부흥을 가져왔다. 하지만 일본 경제의 부실화를 가져온 부동산 버블의 형성과 붕괴를 초래한 것도 그들이고, 인구구조 노화 현상의 원인 제공도 역시 그들이 했다. 한동안 일본 경제의 생산의 주체로서 왕성하게 활동한 것도 그들이지만 생산은 없이 소비만 하는 불임 인구가 되면서 일본 경제를 주름지게 만든 것도 그들이다. 그들은 지금 60대 중반의 나이에 불과해서 일본인 평균 수명을 감안할 때 아직도 20~30년은 더 살아남아 일본 경제의 발목을 잡는 주체가 될 것이다.

우리나라도 도道 지역의 군郡 단위에서는 고령화율이 40%에 달한 곳들이 나타나고 있다. 군보다 더 작은 부락 단위에서는 한계부락이 생겨나고 있다. 실제로 시골에 가면 노인들만 모여 사는 부락은 천지에 널렸다. 노인들은 생산활동에 참여하지 않는다. 무기력하기까지 하다. 고령화율 50%는 젊은이 100명당 노인 50명이다. 이 정도면 사회 자체가 무기력해진다. 자력으로는 살아갈 수 없는 의존형 인구구조가 되었다는 뜻이다. 물론 국가 전체가 고령화율 50%까지 가기는 쉽지 않다. 그러나 지금처럼 출생아 수 감소가 지속되고 수명연장이 빠르게 일어나면 50% 고령화율에 도달하는 것도 불가능한 것만은 아니다. 국가 전체가 혼자서는 살아갈 수 없는 의존형 국가가 될 수밖에 없다. 우리나라는 이제야 생산가능 인구가 정점에 도달하고 있다. 생산가능 인구가 감소하는 구간은 일종의 분기점이다. 그 시기를 기점으로 경제의 노화 현상이 시작된다. 노동투입이 줄어들면서 생산활동이 약화된다. 동시에 소비층이 감소하면서 내수도 어려워진다.

일본은 20년 전에 도달하고 지금까지 고생해왔다. 또 앞으로도 20년은 더 고생할 것이다. 아베노믹스로 되돌려보고 싶어하지만 성공 가능성이 희박한 일이다. 수요측 요인으로 디플레이션이 왔는데 통화측 수단으로 문제를 풀어낼 수 있을까. 돈을 찍어낸다고 출산율이 올라가는 것도 아니고, 노인들이 갑자기 젊어지는 것은 더욱 아니다. 암에 걸린 부위는 위장胃腸인데 멀쩡한 간肝의 건강을 위해 보약을 먹는 것과 뭐가 다르랴. 한 가지 효과는 있을 것이다. 환율이 약세가 되면서 수출시장을 넓혀가는 것이다. 수출이란 세계 인구를 소비시장에 편입시키는 것이다. 수출시장을 확대할 경우 인구구조가 보완되는 효과가 있다. 그러나 일본처럼 내수시장의 비중이 크고 수출시장의 비중이 작은 나라로서는 수출을 확대하여 보완하는 데도 한계가 있다. 또한 수출은 그 정의상 일자리 창출이 제한적인 제조업에만 적용되는 것이고 일자리 창출효과나 부가가치 창출효과가 큰 서비스업에는 적용되지 않는다. 우리는 이제부터 시작이다.

인구 파동의 문제에 대한 해결 방법은 여러 가지가 있다. 효과가 제한적인 것부터 큰 것까지 순서대로 살펴보자. 가장 먼저 생각할 수 있는 것은 수출시장을 늘리는 것이다. 과거 1960년대 이후 우리나라가 선택한 전략이다. 물론 우리는 일본으로부터 배웠고, 이후에 중국이나 동남아시아 국가들로 전수해준 전략이다. 수출은 시장을 넓혀준다. 수출하는 만큼 수입도 늘어나게 된다. 이것은 외국을 우리나라 경제로 편입하는 방법이고, 탄탄하지 못한 인구층을 보완해주는 방법이다. 그러나 수출의존형 경제구조로 가는 것은 몇 가지 문제가 있다. 첫째 고령화에 대한 직접적인 답이 못된다. 간접적이고 제한적인 효과만 있을 뿐이다. 수출은 이미 설명한 바와 같이 제조업이 대상이다. 그리고 제조업 수출은 이미 낙수효과trickle-down effect가 거의 없어졌다. 다시 말해 수출해봐야 국내에 남는 것이 별로 없다는 뜻이 된다.

다음의 해결 방법은 출산율을 높이는 것이다. 2.1명의 합계출산율이 되어야 인구가 유지된다고 한다. 물론 이때에도 수명연장으로 인한 고령화는 피할 수 없지만 수명연장이라는 것이 삼천갑자 동방삭처럼 수천 년 수만 년 연장될 수 있는 것은 아니다. 성경으로 계산해보면 150살이 최대 수명이라는 설도 있고, 의학적 또는 생물학적으로 봐도 그 정도의 나이가 최대 수명이 된다고 하는 설도 있다. 어쩌면 유전자 연구가 활성화된 요즘 두뇌나 신체의 노화를 늦춰서 수명도 연장하고 나이가 먹어도 생산활동을 지속할 수 있게 하는 방법이 나올지도 모르겠다. 그래도 최대 수명이라는 것은 있을 것이고, 따라서 인간의 평균 수명이 더 이상 늘어날 수 없는 시점이 되면 원통형 인구구조가 완성되고 합계출산율 2.1로 지속가능한 인구구조를 완성할 수 있을 것이다. 문제는 2.1이라는 합계출산율을 이룩하는 것이 불가능하다는 것이다. 경제가 발전하면 할수록 더 어려워진다. 2명대 출산율 회복에 성공한 나라가 있기는 하다. 프랑스는 출산 및 육아 복지제도를 훌륭하게 구비하여 출산율을 끌어올렸다고 한다. 그러나 출산율 상승의 본질은 복지제도 완비에 있는 것이 아니고 저소득 이민자 유입에 있다. 한 사회, 한 국가 내에서도 저소득 이민자들은 저소득 사회에서의 패턴을 그대로 보인다. 복지제도가 잘 구비되니 출산율이 더 올라가는 것은 당연한 일이다. 다시 말하면 복지는 출산율 제고에 필요조건이기는 하지만 충분조건은 아니라는 점이다.

이래서 자연스럽게 이민 정책이라는 새로운 방안으로 넘어가게 된다. 출산율 하락에 대처하는 가장 좋은 방법은 이민 정책이다. 즉 외국인을 받아들이는 것이다. 특히 젊은 사람들을 최대한 많이 받아들임으로써 부족한 연령층 인구를 채울 수 있다(어차피 노인들은 이민이 없다. 노년이 되어서 새로운 도전이라는 것이 가당치도 않다). 또 저소득 이민자들은 대체로 출산율이 높다. 사회 전체의 인구 생산이 활발해진다. 이에 더하여 고급 우수인력에 대한 우대정책을 사용할 수도 있다. 대표적으로 미국이 이민 정책으로 성공한 나라다. 프랑스의 사례도 있기는 하지만 미국 사례를 설명해보자. 미국도 베이비부머 세대가 존재한다. 대체로 제2차 세계대전 이후부터 월남전까지 태어난 인구층이 해당된다. 이들은 미국 사회에 탄탄한 인구층을 형성하고 있다. 좀 먼저 태어난 베이비부머는 히피가 되었고 좀 늦게 태어난 측은 여피가 되었다. 이들은 곧 왕성한 경제활동을 해왔다. 미국의 다우존스지수가 1980년대 이래 지금까지 꾸준히 상승한 것도 이들의 노후 보장 욕구 때문이라고 해석하기도 한다. 또 이들이 내집 마련에 나서면서 미국의 집값이 급등했고 그것이 서브 프라임 모기지 금융위기의 단초가 되었다고 보는 분석도 있다. 그러나 그들 이후의 출산율 하락은 제 아무리 미국이라도 피해가지 못했다. 미국은 이런 문제를 이민 정책이라는 해법으로 해결한 나라다. 부족한 인구층도 메우고 출산율도 높일 수 있었다. 고급 우수인력도 끌어 모아서 세계 최고의 두뇌들을 다 모아놨다. 출산율 하락의 해결 방법은 아무래도 이민 정책만이 답인 것으로 보인다.

　문제는 우리나라가 이민 정책을 구사하기 쉽지 않다는 점이다. 미국은 원래 이민으로 이루어진 국가이기 때문에 이민이 자연스럽다. 그러나 우리는 너무나 오랫동안 단일민족임을 배워왔다. 또 자랑스러운 것으로도 배웠다. 문화라는 것이 유소년기에 형성되는 부분이 크다는 점을 감안하면 우리는 다문화를 받아들이려면 최소한 50년은 지나야 할 것이다. 이제야 다문화라는 것을 가르치기 시작했기 때문에 지금의 유소년들이 어른 세대를 완전히 채우기까지 다문화는 어렵다. 그것도 지금의 유소년들이 다문화라는 것을 완벽하게 받아들였다는 전제가 따른다. 우리나라 사람들은 외국인에 대해 개방적이지 않다. 관광객으로 또 손님으로는 따듯하게 환대한다. 그것만 가지고 외국인에게 개방적이라고 말할 수는 없다. 외국인들이 우리나라 사람과 결혼도 하고, 일자리도 구하고, 옆집 사람으로 섞여서 자연스럽게 살아가는 문화가 될 수 있을까. 남의 집 자식은 상관없지만 내 자식은 뭔가 꺼려지는 것이 사실이다. 일본 사람들도 결국은 외국인에게 문호를 개방한다는 측면에서 실패했다. 정확하게는 시도도 해보지 않았다. 그들은 출산율 저하의 문제를 몸으로 부딪쳤다. 우리는 일본이 고생하는 것을 보았다. 그래서 다문화를 하자는 목소리가 제법 있다. 하지만 그들이 주류는 아니다. 아직은 소수의견에 불과하다. 그들의 주장이 성공할 수 있을지 확신할 수 없다. 개인적인 생각으로는 성공적이지 못할 가능성이 크다고 보고 있다(다문화에 대한 필자의 견해가 부정적이라는 뜻은 아니다. 단순히 우리 사회에 깊이 뿌리 박혀 있는 단일민족에 대한 편견을 깨는 것이 쉽지 않을 것이라는 뜻이다).

이민 정책을 채택하기가 어려울 경우 아무런 답이 없는 것인가. 꼭 그렇지는 않다. 몇 가지 대안이 더 있기는 하다. 하나는 서비스를 수출하는 것이다. 물건이 나가는out-bound 제조업 수출과는 달리 서비스 수출은 서비스는 그대로 있고 사람이 들어온다. 부가가치가 고스란히 국내에 떨어지는 수출이다. 이것은 다른 말로 하면 관광산업을 진흥하는 것이다. 그들이 외국에서 생산활동을 하지만 국내에 들어와서 소비를 하기 때문에 고령화로 줄어드는 국내 생산(부가가치)을 키워주는 효과가 있다. 따라서 관광산업을 키우는 것이 한 가지 대안이다. 이 부분은 별도의 장에서 보다 심도 있게 논의하겠다.

또 다른 좋은 대안도 있다. 바로 시장 통합이다. 우리의 경우에는 당연히 북한과의 시장 통합이다. 북한과 우리는 모든 면에서 바로 통합이 가능하다. 물론 통합 과정에서 여러 가지 문제가 발생할 수 있다. 사회주의와 자본주의의 차이나 경제력 격차 같은 것들이 우리가 극복해야 할 과제가 될 것이다. 그러나 북한과의 시장 통합은 말과 문화가 다른 일본이나 중국과 통합하는 것보다는 훨씬 쉽고, 피부색까지 다른 러시아와 통합하는 것보다는 더욱 쉽다. 또한 남한의 인구구조를 북한이 보완해줄 수 있다는 측면에서 당장의 해결 대안이 된다. 지금 북한은 남한에 너무 많은 노령인구는 상대적으로 적고, 남한에 부족한 젊은 인구는 많다. 더구나 생활 형편만 조금 개선되고 현대적인 의료 서비스만 받게 되면 금세 튼튼한 베이비부머 층이 형성될 것이다. 남한의 인구구조를 보완해주기에 충분하다. 간도와의 경제 통합도 생각해볼 수 있다. 간도에는 우리 민족이 많이 살고 있다. 우리가 소위 연변 출신이라고 부르는 해외 동포들이다. 그들과는 어느 정도 언어와 문화의 유사성이 있다. 그래서 시장 통합이 상대적으로 쉽다. 지리적으로도 붙어 있다. 마치 미국과 캐나다의 경우처럼, 또 EU 출범 이전 유럽 제국諸國의 관계를 생각하면 쉽게 상상할 수 있을 것이다. 다만, 간도와의 시장 통합은 북한과의 시장 통합이 선결된 이후에 생각해볼 문제다.

2장

한반도 균형발전론

두 개의 엔진

균형발전이란 그 정의상 주체가 복수다. 혼자서는 균형을 이룰 수 없는 법이기 때문이다. 균형의 대상이 복수라는 것이다. 그것도 한두 가지가 아니다. 남과 북, 고소득층과 한계계층, 수출과 내수, 제조와 서비스, 기성 세대와 청년 세대 등 무수히 많다. 그만큼 우리 사회는 불균형(또는 양극화)이 심한 상태다. 거의 모든 분야가 불균형이다. 이런 고질적 불균형이 초래된 원인은 지난 20년간의 신자유주의 때문이다. 물론 그만큼 우리나라가 맨주먹에서 이만큼이나마 발전하는 계기가 되었으니 지나간 정책의 공功에 대한 과過를 가릴 생각은 없다. 그러나 미래지향적인 관점에서 한 가지만 짚고 넘어가자면 우리 경제가 당면한 앞으로의 숙제는 이와 같은 불균형을 해소하고 넘어가는 것이다. 불균형을 해소하지 않을 경우 지속가능한 성장이란 기대할 수 없다. 지난 20년간 불균형발전이 지속되었기 때문에 앞으로 20년 동안은 불균형을 치유하면서 보내야 한다.

불균형을 치유한다고 해서 우리가 정체되어야 한다는 것을 의미하지는 않는다. 후퇴하는 사회는 불균형 문제를 해소할 수 없다. 퇴보하는 경제에서 가장 고통받는 것은 서민과 한계계층이다. 그렇다고 성장일변도의 정책만을 고집할 수도 없다. 성장일변도 정책은 불균형을 심화시키기 때문이다. 그래서 균형발전의 추진 동력도 복수여야 한다. 다시 말해서 두 개의 엔진이 필요하다. 하나는 발전을 위한 엔진이고 또 하나는 균형을 위한 엔진이다. 이 두 개의 엔진은 우리 사회를 균형된 모습으로 이끌어주는 동력을 제공한다. 그러기 위해서는 두 개의 엔진들조차도 서로 균형을 맞춰야 한다. 어느 한쪽으로 치우치면 균형을 맞출 수 없기 때문이다.

성장이 없는 균형은 하향평준화에 다름 아니다. 보수나 진보를 막론하고 성장의 필요성에 대해서는 공감한다. 어떻게 성장동력을 찾을 것이냐 또는 질적인 측면에서 어떤 성격을 갖는 성장이냐에 대해서는 서로 다른 견해를 가지고 있겠지만, 결과론적인 측면에서 성장 자체와 그로부터 파생되는 일자리 그리고 튼튼한 중산층이 우리 사회를 건강하게 만들어준다는 것에 대해서는 이론의 여지가 없다. 문제는 우리 경제에 성장 엔진이 잘 보이지 않는다는 점이다. 이미 살펴본 바와 같이 자칫하면 구조적 디플레이션의 함정에 빠지게 될 가능성만 높은 상태다. 보수와 진보를 떠나서 함께 머리를 맞대고 해법을 찾아야 하는 숙제다.

다른 한편으로는 양극화라는 고질적인 숙제를 해결해야 한다. 우리나라는 1960년대 이후 본격적인 경제개발 정책을 구사하면서 효율적 성장과 형평적 분배를 동시에 달성했다. 적어도 1980년대까지는 성장이 일자리를 만들고 중산층을 튼튼하게 해주는, 성장과 분배의 두 마리 토끼를 한 번에 잡을 수 있었다. 그러나 1990년대 글로벌화라는 신자유주의 특급열차에 올라탄 이후 지금까지는 경제성장과 양극화가 동시에 진행되고 있다. 성장과 양극화는 함께 갈 수 없다. 1990년대 10년 동안 경제성장에도 불구하고 진전된 중산층 해체는 우리 경제의 성장동력을 심각하게 훼손시켜서 결국 2000년대 저성장의 주된 원인이 되었다. 이제 더 이상은 공급주의론자들의 성장 논리에 근거해 양극화를 방치해둘 수 없다. 성공하는 사람들을 더 성공할 수 있도록 만들어야 경제가 성장하고 일자리가 창출되면서 경제 전체에 온기가 퍼져나간다는 낙수이론은 2000년대 들면서 이미 용도 폐기되었다. 이제는 경제 운용의 새로운 패러다임을 만들어내야만 한다.

이와 같은 문제점들을 고쳐나가기 위한 제1 엔진은 경제구조 대개혁이다. 한국 경제는 너무 오랫동안 성장일변도의 불균형발전 전략을 계속해왔다. 불균형 성장전략은 지속가능하지 못하다. 이와 같은 불균형을 시정해야 한다. 소수 재벌 오너들의 불법적인 회사 재산 편취 행위는 아직까지도 자행되고 있다. 재벌가는 편법적으로 기업 세습에 혈안이 되어 있고, 중견기업은 가업승계라는 이상한 명분을 만들어 세습에 나서고 있다. 재벌기업에 의한 경제 자원의 독식도 문제가 될뿐더러 그런 힘을 바탕으로 한 우월적 지위남용의 문제는 하루이틀의 이야기가 아니다. 더구나 영세 및 중소상인들의 빈곤 함정은 구조적인 시스템의 문제여서 개인으로서는 틀을 깨고 바꿔나갈 방법이 없다. 자유시장은 개개인의 자유의지에 의한 선택임을 강조하지만 개미지옥 외에는 선택지를 주지 않은 상황에서 자유의지에 의한 선택이 무슨 의미를 가질 것인가. 이와 같은 얼치기 자유시장들이 우리 사회 곳곳에 남아 있는 한 진정한 자유시장의 건설은 요원한 일이 될 것이고, 서민들에게 계층 상승의 꿈은 먼 나라 이야기가 될 것이다. 또한 경제 효율성만을 따지다가 정작 중요한 국민의 안전이나 행복은 놓쳐버리고 마는 한심한 결과를 초래하게 될 것이다.

제2 엔진은 산업구조 대개혁이다. 이제부터 한국 경제의 발전 모델은 내수주도 성장이 되어야 한다. 제조업 중심의 수출주도 성장전략은 수출이 늘어도 일자리는 해외에서 생겨나는 한계에 봉착해 있다. 국내에 일자리가 안 생기고 부가가치가 남지 않는다면 수출의 의미는 퇴색될 수밖에 없다. 수출을 하더라도 국내에 부가가치가 남는 수출이어야 하고, 성장을 하더라도 국내에 일자리가 창출되는 성장이어야만 한다. 수출은 기존의 아웃바운드out-bound에서 인바운드in-bound로 구조적 전환이 이루어져야 한다. 고령화 사회에 발맞추어 고령친화적인 구조로 산업 전환을 도모해야 한다. 영세 내수 서비스 업종도 할 만하다는 말이 나올 정도의 여건은 갖춰져야 한다. 물론 남북한이 한반도 단일시장을 갖추고 더 나아가 간도까지 시장을 확장하는 것은 내수시장에서 규모의 경제를 확보하는 데 있어 무엇보다도 중요한 과제다.

이 두 개의 엔진은 완전히 별개로 작동되는 것이 아니다. 자전거의 두 바퀴처럼 상호작용을 하면서 작동한다. 그 상호작용이 서로에게 도움이 될 수 있도록 정책과제를 설계해야 한다. 예를 들어 한계계층에 대한 부채탕감 정책을 계획한다고 생각해보자. 단순히 부채를 탕감해주기만 한다면 우선 모럴 해저드 문제가 제기될 것이다. 계속 빚을 져놓아도 정부가 갚아주더라는 인식이 생기는 순간 한계계층은 자립 의지를 접게 되며, 국가는 계속 세금으로 빚을 갚아줘야 할 것이다. 세금을 내야 하는 사람들의 입장에서는 기분이 나빠질 것이며 국민들 간에 사회적 갈등이 조장될 것이다. 반대로 한계계층의 금리부담을 줄여주면서 그들의 재활프로그램을 연계하고 그 결과로 스스로 빚을 갚고 다시 일어설 수 있도록 도와주는 정책을 병행한다고 하면 그것은 자립 의지도 높여주고 사회적 갈등도 조성하지 않는다. 더 나아가 그들이 우리 사회의 내수기반을 튼튼하게 만들어서 다시 경제성장 동력으로 작용하게 된다.

　이런 방식으로 정책을 설계해야 한다. 그래야만 두 개의 엔진이 힘차게 작동될 수 있다. 좋은 정책과제들을 찾고, 그 정책들이 서로 시너지가 발휘될 수 있도록 설계를 해야 한다. 그래야만 국민 모두에게 행복한 삶을 제공할 수 있다. 다음 장에서는 두 개의 엔진을 구현할 정책과제를 제시하도록 하겠다.

제1 엔진: 경제구조 대개혁

대기업, 세 가지는 바로잡아야 한다.

우리의 대기업들은 과거 개발경제 시대 우리 산업발전의 견인차 역할을 했다. 해외에서는 수출에 앞장서서 막대한 외화를 벌어들이고, 그렇게 벌어들인 돈으로 국내에서는 일자리를 창출하여 국민 모두가 중산층인 시대를 만들어내는 데 일조했다. 지금은 비록 1980년대만큼은 아니더라도 대기업들은 아직도 우리 경제의 상당 부분을 담당하고 있다. 우리의 대기업들이 어려워지면 그만큼 우리 경제도 충격을 받을 수밖에 없다. 예를 들어 삼성전자나 현대자동차가 경쟁력을 상실하는 상황을 상정해보면 눈앞이 아찔해진다. 따라서 우리의 대기업들이 진정으로 글로벌 강자가 될 수 있도록 족쇄를 풀고 규제를 폐지해야 한다. 특히 기업의 자유로운 경제활동이 보장될 수 있도록 정치적 포퓰리즘에 의해 도입된 각종 규제는 제거해주는 것이 마땅하다.

대기업과 대주주는 분리 접근하는 것이 필요하다. 우리는 종종 대기업과 대주주를 동일시하곤 한다. '현대=정주영', '삼성=이병철', 이런 식이다. 이런 문화는 마치 현대는 정주영, 삼성은 이병철 개인의 것인 양 착각하게 되는 결과를 가져온다. 따라서 현대가 잘되기 위해서는 정주영 개인을 지원해줘야 하고, 삼성이 잘되기 위해서는 이병철 개인을 지원해줘야 한다는 이상한 결론에 도달하게 된다. 경제개발 초기 기업의 성패가 기업가의 개인기에 의존하던 시기에는 충분히 그럴 만하다고 여겨지는 바이다. 그러나 기업들이 세계적인 수준으로 성장한 지금에는 개인기가 아닌 조직의 힘으로 기업의 성패가 결정된다. 이때 기업가의 잘못된 개인기는 성공보다는 오히려 실패를 초래하는 요인으로 작용하기 십상이다. 따라서 기업들이 글로벌한 경영활동을 펼치는 데 장애가 없도록 자유로운 경제활동은 보장하면서도 투명경영, 정의경영 시스템을 확립하여 대기업과 대주주는 분리 접근하는 것이 바람직하다. 그러기 위해서 세 가지는 바로잡아야 한다.

첫째, 소유·지배 정의를 바로 세워야 한다. 보유지분은 쥐꼬리만큼이면서 마치 그룹 전체를 소유한 것처럼 지배권을 휘두르는 것은 옳지 않다. 순환출자를 통한 가공자본 형성은 그중 가장 큰 문제다. 순환출자는 주식의 교차보유를 금지하고 있는 현행 상법을 적용하더라도 불법이다. 그럼에도 불구하고 정부나 정치권에서는 눈을 감아주고 있는 실정이다. 철저한 방화벽이 설치되어 있어야 할 금융자회사의 자산을 활용하여 지배력을 유지하는 것도 문제고, 고객 돈으로 지배력을 유지하는 것은 더 큰 문제다. 이런 것들은 철저히 막아야 할 문제임에도 정부나 정치권은 눈을 감아주고 있다. 대주주의 역린을 건드릴 수 없기 때문인지, 법무법인의 로비 때문인지, 아니면 대주주 없이는 기업이 곧 망할 터인데 그때 경제에 오는 충격을 감당할 수 있느냐는 대마불사 협박을 감당하지 못하는 것인지. 대기업의 소유 및 지배구조 문제는 순환출자에서부터 이사회 운용까지 전반적으로 재검토해봐야 한다.

둘째, 법적 정의를 바로 세워야 한다. 대주주의 회사자금 사금고화와 같은 불법 행위에 대해 처벌을 확실히 해야 한다. 또한 협력업체에 대한 불공정 행위도 마찬가지다. 선진국에서는 기업가의 횡령이나 배임처럼 경제 질서를 교란시키는 행위는 엄벌에 처한다. 법적인 처벌은 물론이고, 이후에도 다시는 사회활동이 불가능한 수준으로 처벌한다. 그러나 우리나라는 대부분 집행유예나 중병을 빙자한 구속집행정지 등으로 빠져나온다. 살인교사를 하고서도 병원에 나와 있는 경우도 있을 정도다. 이런 행위들은 경제 질서를 교란시키고 기업에 대한 국민들의 호감도를 떨어뜨리는 결과를 초래한다. 이제는 법원에서도 양형 기준을 강화하기는 했다. 하지만 그 정도도 선진국의 양형에 비하면 솜방망이 수준이다. 기업가의 불법적인 행위에 대해서는 다시는 사회활동이 불가능하도록 현재보다 훨씬 더 양형 기준을 강화해야 한다.

셋째, 조세 정의를 바로 세워야 한다. 세금은 번 돈에 비례해서 내야 한다. 많이 벌었으면 많이 내는 것이 당연한 진리다. 또한 그렇게 해야만 부자가 존경을 받는다. 그러나 어느 순간부터 세금을 줄여주는 것이 경제활동을 촉진시키는 것인 양 호도되고 있다. 공급주의 경제학이 아무런 비판도 없이 절대진리인 것처럼 이야기되고 있다. 세율을 낮춰주면 경제활동이 더 활발해져서 세금이 더 많이 걷힌다는 래퍼이론은 수학적으로만 존재하는 것이지 현실 세계에서는 알 수 없는 이론이다. 상속세는 더 큰 문제다. 재벌가는 비상장 계열사를 만들고 거기에 일감을 몰아주고 회사를 키우는 방식으로 상속세를 피하면서 회사를 상속한다. 그런 모습을 본 중견, 중소기업들은 가업승계를 해야 한다고 상속세를 면제해달라고 아우성을 친다. 이렇게 해서 대기업이나 중견, 중소기업을 가리지 않고 어떤 기업가도 상속세를 내지 않는다. 상속세를 내는 것은 달랑 아파트 한 채 물려주는 서민과 중산층뿐이다.

영세 자영업자도 당당하게 어깨 펴는 세상을 만들어야 한다.

골목상권 보호에 대한 논란은 대형 마트의 휴무일 자율조정 이후 다소 잠잠해졌다. 그러나 문제가 수면 아래로 잠복한 것뿐이지 원인 자체가 제거되지는 못했다. 골목상권의 문제는 다양한 각도에서 살펴봐야 한다. 그 본질은 소비자 이익과 공급자 생존권의 충돌이다. 소비자는 점점 더 저렴하면서도 믿을 수 있고, 쇼핑하기에 쾌적하면서도 편리한 환경을 원하는 데 반해 공급자인 골목상권은 이런 소비자의 요구를 반영하지 못한다. 그렇다면 대형 마트나 편의점에 비해서 뭔가 차별적인 장점이 있어야 한다. 비싸더라도 최고로 신선한 또는 따끈따끈한 식품을 공급한다든지, 마트에서는 기대할 수 없을 정도의 친절함이 있든지. 니치마켓을 틀어쥐고 대형 마트와 경쟁에서 이길 수 있을 정도의 생존비법을 가지고 있어야 하는데 현실은 그렇지 못하다. 결국 소비자가 발을 끊게 되는데, 이럴 경우 신규출점 제한이나 강제 휴무에 관한 어떤 법으로도 골목상권을 보호하지 못한다. 법은 오히려 대형 마트나 소비자를 보호하는 방향으로 움직일 수밖에 없다. 마트가 출점하는 것은 법이 보장한 정당한 권리이고 아주 정상적인 경영행위다. 이들의 출점을 금하는 것은 위헌 소지마저 내포한 사안이다. 또한 그런 마트가 출점함으로써 해당 지역 소비자들의 권익도 높아지게 되는데, 골목상권 보호를 명분으로 소비자의 권리를 제한할 수도 없는 노릇이다.

골목상권의 이슈는 또 다른 중요한 문제를 내포하고 있다. 골목상권 자체의 문제보다는 프랜차이즈 회사와 점주 간의 불공정거래의 문제다. 프랜차이즈 편의점이 골목상권을 죽인다고 하지만 프랜차이즈 점주들이 바로 골목상권 그 자체다. 구멍가게 주인은 하루가 다르게 떨어져만 가는 매출로 힘든 날을 보내는 것이고, 편의점 점주는 열심히 일해서 매출을 올려도 이익의 대부분은 본사가 가져가는 현실 때문에 고통받는다. 이처럼 모두 같은 영세 자영업자일 뿐인데, 누구는 구멍가게 주인이라서 보호해주고 누구는 편의점 점주라서 차별해야 한다고 말할 수는 없다. 그렇게 힘든 노릇이면 편의점 간판을 떼고 구멍가게로 돌아가라고 말할 수도 있다. 하지만 자본력을 무기로 사업을 전개하는 편의점 프랜차이즈를 상대로 재래식 구멍가게로 맞대결하는 것은 당랑거철과 다름이 없다.

이런 본질적인 문제들에 대한 해법이 제시되지 않으면 해결이 되지 않는다. 문제가 수면 아래로 잠복했을 뿐이지 구멍가게는 한낮의 이슬처럼 사라져갈 수밖에 없는 것도 현실이고, 편의점 점주들의 고통은 또 그것대로 해소되지 못하고 남아 있게 된다. 자율휴무를 한다고 또 강제로 신규출점을 제한한다고 해서 없어지지 않는다. 소비자의 권익은 침해되고, 구멍가게 점주는 여전히 어려운 상태를 벗어나지 못하며, 편의점 점주는 노력한 만큼의 보상을 받지 못한다. 정치권에서 제시한 것은 해법이 아니다. 포퓰리즘일 뿐이다. 해법이라고 떠들지만 결국 소비자, 구멍가게 주인, 편의점 점주 모두의 권익을 더 침해하는 비극적인 결말만을 만들어놓았다.

이 문제에 대해 나는 농협하나로코업(가칭)이라는 해법을 제시한다. 정부에서 출자하고 농협이 위탁경영을 하는 코업을 만드는 것이다. 편의점, 미니슈퍼를 가맹점 형태로 확대하고 코업 본사에서 체계적으로 관리해준다. 인테리어에서부터 상품 공급까지 모든 것이 체계적으로 운영되도록 한다. 전국적인 프랜차이즈로 대대적으로 확대하여 기존의 여타 SSM에 대항할 수 있는 경쟁력을 갖춘다. 이렇게할 경우 동네슈퍼들이 가맹점으로 가입하여 기존의 프랜차이즈 편의점이나 미니슈퍼처럼 현대적인 마트 운영이 가능해진다. 코업 형태로 운영함으로써 본사의 이익을 가맹점에 수익배분의 형태로 되돌려준다. 이것은 코업 가맹점 점주에 대한 착취구조를 방지하게 될뿐만 아니라 기존 프랜차이즈의 본사와 가맹점 간 불공정 계약 문제도 해소되는 계기가 될 것이다.[15] 코업은 처음에는 미니슈퍼와 24시 편의점으로 시작하여 점차 빵집, 문방구 등 영세상인 업태 대부분으로 확대할 수 있다.

농협하나로코업(가칭)이라는 해법은 소비자, 구멍가게 주인, 가맹점 점주 모두에게 이득이 되는 해법이다. 더구나 농협에 운영 대행을 맡김으로써 우리 농산물 소비가 촉진되는 부수적인 이득까지도 기대해볼 수 있다.

서민 전담 금융기관을 설립해야 한다.

가계부채가 1,000조 원으로 늘었다. 가처분 소득대비 부채비율도 140%에 육박하고 있다. 미국의 서브 프라임 사태 때와 비슷한 수준이다. 이에 더하여 우리의 1, 2분위 계층은 소득으로 생활비를 감당하지 못하고 있다. 소득에서 소비가 차지하는 비율이 평균 120%에 달한다. 소득이 최저생계비에 미달한다는 의미다. 한마디로 말하면 우리 서민층이나 한계계층은 빚과 이자를 감당할 수 없는 상태가 되었다. 원래 가계부채가 급증한 것은 MB 정부 및 새누리당의 공급주의 경제학이 초래한 정책실패다. 수출 늘린다고 고환율 정책을 구사하면서 수입물가가 들썩거렸고, 가뜩이나 내수가 나쁜 상황에서 물가까지 급등했다. 여기에 더하여 장기간 저금리를 지

---

15   프랜차이즈의 가맹계약이 현저하게 불리할 경우 가맹점주들이 본사와의 계약을 해지하고 코업으로 넘어올 것이기 때문이다.

속하면서 돈 빌려 쓰기 쉬운 여건을 만들었다. 실질소득이 줄어들어 생활이 어려운 한계상황에 몰린 서민층에게 빚을 내도록 유도한 것이다.

이제는 서민이 사채시장으로 내몰리고 있다. 서민들에게 은행의 문턱은 너무 높다. 은행들이 영리추구에 나서면서 서민에 대한 대출은 원천적으로 불가능해졌다. 은행만을 나무랄 일은 아니다. 외환위기를 거치면서 수익을 내지 못하는 은행은 생존이 불가능하다는 것을 깨닫게 되었기 때문이다. 금융당국도 지급결제 기능과 신용창조 기능을 수행하는 은행들에게 건전성을 요구했다. 은행의 건전성은 상업성과 동일한 말이다. 그러다 보니 기존의 은행들이 수행하던 정책금융 기능은 모두 사라져버렸다. 다른 대부분의 정책금융 기능이야 이제는 필요성이 크지 않은 상태가 되었으나 서민들에 대한 정책금융 기능만큼은 절실하게 필요하다. 은행들이 영리추구에 나서면 서민, 한계계층, 영세 소상공인은 대부금융이나 사채금융시장으로 밀려나기 때문이다. 그리고 한 번 밀려나고 나면 살인적인 고금리를 감당하지 못해 다시는 건전성을 회복할 수 없게 된다.

영세 소상공인과 서민층을 위한 정책금융을 대폭 확대해야 한다. 가계부채 부담도 줄이고, 저리의 사업자금도 편리하게 사용할 수 있도록 해야 한다. 이들에 대한 정책금융 제공이 세금 낭비라고 반대하는 사람들도 있다. 그러나 한계계층이나 서민층에 대한 지원은 세금 낭비가 아니다. 그들의 살림이 좋아져야 내수기반도 튼튼해지고 골목상권도 다시 부흥할 수 있다. 건전한 경제구조가 만들어지면서 소비시장이 커질뿐더러 사회의 불안 요소가 줄어들게 된다. 국민행복기금처럼 문제가 된 가계부채를 바꿔주는 형태의 정책금융이 아니다. 국민행복기금은 이미 고금리로 고통을 받을 만큼 받은 가계들이 부도가 나는 것을 방지하기 위한 목적이다. 그와 같은 사후적 금융보다는 사업을 시작할 때부터 이자부담이 적은 자금을 지원하여 사업의 성공 가능성을 높여주는 사전적 금융이 더 중요하다. 대통령이 취임할 때마다 이벤트성으로 기존 부채를 탕감해주는 형태의 금융은 모럴 해저드의 소지도 있을뿐더러 국민의 자립 의지도 꺾어버리는 결과를 가져온다. 그런 이벤트성 금융보다는 평소에 상시적으로 공급되는 정책금융을 운용할 필요가 있다.

이미 한계계층으로 추락한 가계를 위한 '제2의 인생' 프로그램을 운용해야 한다. 현재의 정책금융은 재기의 기회를 함께 제공하지 않고 있어서 반쪽짜리에 불과하다. 다중채무, 고금리 대부업 및 사채대출 등에 대한 '119 금융'을 제공하고, '홀로서기 프로그램(공공근로 및 민간취업)' 연계 지원을 통해 재기의 희망을 부여해야 한다. 또한 '홀로서기 프로그램'을 통한 '119 금융' 이자 상환에 대해서는 상환이자액을 원금 상환으로 인정해주는 등 정책 수단을 다양화해야 한다.

새마을금고를 정책금융 창구로 사용하는 방안도 검토해야 한다. 정책자금을 상시적으로 운용하기 위해서는 생활밀접 금융기관이 필요하다. 과거 국민은행이 수행하던 기능이었고, 한때 저축은행에서도 담당했다. 그러나 지금은 국민은행이나 저축은행들에서 그런 기능을 수행해주기를 기대할 수는 없다. 기존에 전국적인 점포를 가지고 있는 새마을금고가 정책금융을 공급하는 데는 제격이다. 정부는 새마을금고에 정책자금과 신용보전을 동시에 제공하여 저리 자금 지원이 되도록 하면 된다. 금융기관으로는 새마을금고와 신협을 하나의 정책금융기관 테두리로 통합해 운용할 필요가 있다.[16] 정책금융 기능의 원활한 수행을 위해 중앙회의 조직을 은행 본점 수준의 기능 수행이 가능하도록 확대 개편할 필요가 있다.

앞에서 제시한 코업과 연계하는 방법도 생각해볼 수 있다. 코업을 통해 경영 및 원가 경쟁력을 높여주고, 새마을금고를 통해 저리의 시설 및 창업자금을 지원할 경우 자영업자는 다른 고민할 것 없이 그저 열심히 일만 하면 될 것이다. 그렇게 해서 영세 자영업자도 최소한의 생활은 가능하도록 여건을 만들어줘야 한다.

해외로 밀려난 중소기업을 다시 불러와야 한다.

중소기업은 우리나라 고용의 88%를 담당하는 중요한 기능을 수행한다. 그러나 우리나라에서는 점점 설 자리를 잃어가고 있다. 처음에는 인건비가 저렴한 중국으로 넘어갔다. 이제는 중국에서도

---

16 새마을금고(점포 1,448개 소, 회원 15,989천 명, 자산 9,137억 원), 신협(조합 955개, 조합원 586만 명, 자산 4,960억 원), 2011년말 기준.

견디지 못하고 동남아시아로 넘어간 지 오래다. 하지만 우리 정부에서는 중소기업을 키우기 위한 제대로 된 대책을 내놓지 못하고 있다. 거의 방치하고 있는 수준이다. MB 정부 5년간 독일의 히든 챔피언을 우리나라에서도 육성해야 한다고 열심히 떠들었다. 그러나 실적은 하나도 없다. 문제는 두 가지다. 현실적인 중소기업 정책을 만들지 못한 것이 하나이고, 다른 하나는 이미 중견기업 수준으로 성장한 기업들에게만 혜택이 돌아갔다는 것이다. 실제 어려움을 겪고 있는 중소기업들에게는 별다른 혜택이 없었다.

우리나라에 더 많은 중소기업을 육성하고, 세계적인 경쟁력을 갖출 수 있도록 지원하기 위해 나는 다음의 세 가지를 제안하려고 한다. 첫째, 남북합작의 자치중립지구에 중소기업 전용공단을 대폭 확장해야 한다. 남북합작의 자치중립지구를 만들고 확대하여 언어 소통까지 가능한 노동력과 토지를 저렴한 가격으로 중소기업에 공급할 필요가 있다. 이를 통해 비용 측면의 경쟁우위 기반을 만들어 줄 수 있다.

둘째, 정책 R&D 클러스터를 조성해야 한다. 제품의 품질 경쟁력을 갖추기 위해서는 R&D 역량 강화가 절대적이다. 그러나 우리 중소기업들은 저가 경쟁에 노출되어 있어서 R&D 투자재원 마련이 쉬운 일이 아니다. 재원이 모자란 상태에서 기술개발을 위한 대학, 연구소 등과의 연계도 사실상 불가능하다. 따라서 정부에서 매칭펀드 형태로 R&D 재원을 공급하는 한편 중소기업 전용 R&D 센터를 조성하여 저렴한 가격에 공급할 필요가 있다.

셋째, 이와 같은 정책을 추진할 수 있도록 정부 조직과 연관 기구 재편이 필요하다. 우선 현재 산업통상부 산하로 되어 있는 중소기업청을 별도의 중소기업부로 승격시켜 중소기업 정책의 위상을 높여야 한다. 민간 부문에서는 대기업의 로비집단으로 변질한 전국경제인연합회를 대한상공회의소로 통폐합시킬 필요도 있다. 이것은 중복 기구 통폐합과 함께 대한상공회의소를 대표기구로 한다는 의미가 있다.

제2 엔진: 산업구조 대개혁

한반도 단일시장을 만들어나가야 한다.[17]

우리나라의 성장동력은 시대별로 변천해왔다. 1960년대는 경공업 중심의 발전을 했고, 1970년대부터는 중화학공업화를 통해 고도성장의 기틀을 만들었다. 1980년대의 전자산업에 대한 투자가 1990년대에 꽃을 피웠고, 2000년대에는 산업적으로는 벤처기업이, 지역적으로는 중국이 성장동력을 제공했다. 이제 2010년대에 들면서 더 이상 성장동력을 찾기가 어려워졌다. MB 정부의 녹색성장은 필요한 것이기는 하지만 우리 경제의 성장동력을 제공할 정도의 크기가 아니다. 박근혜 정부의 창조경제는 기초과학에 대한 대규모 투자가 필요한 데다가 결과가 나오기까지 너무 오래 걸린다. 이제 내수시장을 키워감으로써 우리의 성장동력으로 삼아야 한다.

내수시장을 획기적으로 키우기 위한 첫째 동력은 바로 한반도를 단일시장으로 묶는 것이다. 필요하면 간도까지 확장하는 것도 가능하다. 물론 남북 간의 정치적 통일이나 간도에 대한 국제법상 영토 회복까지 생각할 필요는 없다. 순수하게 경제적 의미에서 단일시장을 만들어가는 것이다. EU 이전의 유럽을 생각하면 적당할 듯

---

17 세부 구상은 앞장에서 이미 논의한 바 있다.

하다.

산술적인 단순 계산으로는 남북이 합해서 7,500만 명의 내수시장을 갖게 될 것이다. 경제 형편이 좋아지면서 북한의 출산율이나 영유아 생존율이 높아지게 되면 우리는 금세 1억 명의 단일시장을 갖게 될 것이다. 간도가 더해지면 2억 명도 가능하다. 사실 육로로 연결되기만 한다면 중국 시장에 대한 접근성도 더 높아질 것이고, 시장 연계에 따르는 부수적 효과가 클 것이라는 점은 부인할 수 없다.

한반도 단일시장은 확실히 우리 경제가 제2의 압축 성장을 하는 계기가 될 것이다. 물론 반세기 넘게 따로 살았던 북한과 경제, 사회, 문화 등 여러 측면에서 동질성을 회복하고 경제력 격차를 축소하는 시간이 필요하다. 독일의 사례를 보면 적게는 10년, 길게는 30년 이상 소요되는 작업이다. 우리는 그 과정을 독일보다는 현명하게 또 빨리 추진할 수 있다(독일이라는 앞서간 선생이 있기 때문이다).

한반도 단일시장은 지금부터 우리가 추진해야 하는 과제다. 배나 비행기를 타지 않고 자동차나 철도를 따라 중국, 러시아, 유럽까지 자유롭게 왕래한다고 생각해보자. 유라시아 대륙의 방방곳곳을 여권도 필요 없이 신분증 하나만 들고 통과한다고 생각해보자. 시베리아 횡단철도에 올라타서 '닥터 지바고'를 회상하고, 줄리 앤드류스와 도레미송을 부르면서 오스트리아 국경을 넘을 수도 있다. 이 얼마나 즐겁고 신나는 상상인가.

관광객 3천만 한국을 만들자.

한국은 수출주도 성장을 지속해오면서 수출과 내수의 격차가 너무나 확대되었다. 2012년 기준 수출이 우리 GDP에서 차지하는 비중은 57%로 54%에 불과한 소비를 앞질러버렸다. 전 세계적으로 이렇게 수출 비중이 높은 나라는 없다. 소비 중심 경제인 미국은 말할 것도 없다. 소비는 71%인데 수출은 14%에 불과하다. 전통적으로 제조업 수출 강국인 일본도 소비는 60%인데 수출은 16%에 불과하다. 최근 수출주도 고도성장을 지속해온 중국은 소비 50%, 수출 25%를 기록해서 일본보다 다소 수출의존도가 높은 편이지만, 역시 우리나라와는 비교도 안 된다. 우리 GDP의 외수의존도(수출+수입)도 110%에 달한다.

이런 경우는 세계적으로 존재하지도 않을뿐더러 바람직하지도 않다. 첫째는 국내 경제가 해외 리스크에 무방비 노출되는 단점이 있다. 국제 유가가 급등하거나 수출시장에 경제위기가 오면 우리나라가 가장 먼저, 그리고 가장 심하게 타격을 받는다. 더구나 자본 및 외환시장도 완전 개방된 상태여서 충격을 피할 방법이 없다. 둘째는 수출은 늘고 경제는 성장하는데 일자리는 우리나라에 생겨나지 않는다는 것이다. 제조업은 시작의 그 순간부터 경쟁압력에 노출되고 생산성 효율화를 해야 하는 숙명을 안고 태어난다. 그러다 보니 수출이 늘고 경제가 성장해도 일자리는 인건비가 싼 다른 나라에서 생겨난다. 돈을 벌어도 부가가치가 국내에 떨어지지 않고 생산기지 임무를 담당하는 다른 나라로 넘어간다. 수출 경기와 내수 경기의 온도차가 극과 극으로 갈리게 된다.

이와 같은 불균형을 축소하는 확장지향적 정책이 바로 관광이다. 제조업 수출은 아웃바운드out-bound의 성격인 반면 관광은 인바운드in-bound 수출이다. 제조업 수출은 상품의 수출이지만 관광은 서비스의 수출이다. 관광객이 국내에 들어와서 소비하는 돈이 모두 국내에 부가가치로 남고, 그만큼 국내에 일자리가 생겨난다.

지금 우리나라의 외국인 관광객 수는 한 해에 1,000만 명 정도다. 2011년 기준으로 세계 28위권에 해당한다. UN세계관광기구 UNWTO의 2010년 통계에 의하면 1위는 프랑스 7,680만 명이고 2위는 미국 5,975만 명이다. 3위 중국과 4위 스페인이 5,000만 명대의 관광객을 기록하고 있고, 이탈리아, 영국, 터키, 독일, 말레이시아, 멕시코가 그 뒤를 이으면서 세계 10위권을 형성하고 있다.[18] 관광객 10위 국가의 공동적인 특성은 자연유산과 역사유산이라고 할 수 있다. 자연유산은 부존자원과 같은 것이어서 가지고 있어야만 있는 것이다. 역사유산은 만들어진 것이기는 하지만 오랜 기간 누적되어야 하는 것이어서 쉽게 만들 수 없다. 10위권 국가들은 이 두 가지를 대부분 가지고 있다. 프랑스는 역사유산 그 자체다. 중국은 역

---

18 〈UN세계관광기구(UNWTO) 국제 관광객 통계-2010〉 1위 프랑스 7,680만 명, 2위 미국 5,975만 명, 3위 중국 5,567만 명, 4위 스페인 5,268만 명, 5위 이탈리아 4,363만 명, 6위 영국 2,813만 명, 7위 터키 2,700만 명, 8위 독일 2,688만 명, 9위 말레이시아 2,458만 명, 10위 멕시코 2,240만 명, 28위 한국 879만 명(2011년 980만 명), 30위 일본 861만 명.

사유산과 자연유산 모두를 가지고 있다. 스페인, 이탈리아 대부분 그런 특성이 있다. 우리는 하나도 없는 것이 문제다. 하다못해 말레이시아가 가진 이국적 휴양지의 특성도 없다. 우리나라는 관광객을 끌어모으기에 절대적으로 불리하다.

그렇다고 희망이 없는 것도 아니다. 미국이 좋은 사례다. 미국은 자연유산은 가지고 있지만 역사유산은 거의 전무하다. 그런데도 세계 관광객 수 2위에 이름을 올리고 있다. 더구나 관광 수입 측면에서는 미국이 단연 1위다. 관광객 수만 많은 프랑스는 헛장사하는 셈이다. 미국이 관광 부문에서 가진 차별적 경쟁력은 두 가지다. 하나는 경제유산이다. 마천루, 월스트리트, 5번 쇼핑가로 대변되는 뉴욕의 경제유산은 외국인이면 꼭 한 번은 가보고 싶은 마음이 들게 한다. 참고로 뉴욕에는 역사유산은 그리 많지 않다. 또 하나는 인공유산이다. 미국에 역사유산은 없지만 디즈니랜드, 씨월드, 유니버설 스튜디오, 라스베이거스와 애틀랜틱시티의 카지노 같은 인공유산은 너무나 잘 발달되어 있다. 미국에 간다면 꼭 한 번씩은 가보고 싶은 곳들이다. 아니, 해외여행을 간다고 할 때 그 어느 곳보다 먼저 가보고 싶은 곳이라고 해도 과언이 아니다.

우리나라도 그런 경제유산과 인공유산을 잘 만들어놓는다면 관광대국으로 올라서는 일이 그렇게 불가능하지만은 않다. 우리에게는 세계에서 가장 발달된 의술이 있고, 한류가 있다. 동남아시아만큼 이국적인 해변은 아니라고 해도 한국적 느낌이 강한 제주도도 있다. 이런 것들을 어떻게 인공유산으로 가꿔놓느냐에 달려 있다. 그에 따라서 외국인 관광객 수가 결정될 것이고 또 외국인 관광객의 소비지출액이 결정될 것이다.

한국은 아시아의 심장에 위치하고 있다. 아시아 인구는 세계 인구의 60%에 달한다. 더구나 이들 아시아 국가들은 세계에서 가장 빠른 속도로 경제성장을 달성하고 있다.[19] 아시아 경제는 2017년이면 세계 경제의 40%까지 차지할 것으로 전망되고 있으며, 2020년이면 연소득 3만 달러 이상의 가구가 아시아를 포함한 신흥국 1.49억 가구, 미국 1.20억 가구, 유로존 1.16억 가구로 아시아가 기존 선진국 경제권을 뒤집을 것으로 보인다. 또한 신흥국 소비 비중은 2010년 세계 30% 내외에서 2035년이면 62%로 커질 것으로 전망되고, 그중에서 아시아는 소비 비중이 40%가 되면서 38%인 선진국을 추월할 것이다.

경제가 성장하고 소득수준이 상승하면 관광 수요는 급증하게 되어 있다. 앞으로 20~30년 동안 아시아 관광객은 기하급수적으로 증가할 것이다. 관광의 60%는 이동시간 3시간 내외의 근거리 관광이다. 한국은 아시아의 심장에 위치하고 있다. 거리 측면에서는 유럽이나 미국보다 유리한 상황이다. 어떤 관광상품으로 관광객을

---

19 중국 인구 13억 3,861만 명, 1인당 GDP 4,382달러(2009); 일본 1억 2,729만 명, 42,820달러(2008); 인도 11억 4,800만 명, 1,265달러(2008); 인도네시아 2억 4,545만 명, 3,015달러(2006); 베트남 8,612만 명, 1,174달러(2008) 등. 인구는 〈United Nations Population Division, World Population Prospects: The 2008 Revision〉.

끌어모을 것인가의 일만 남아 있다. 관광객을 3,000만 명으로 늘리는 것은 일도 아니다. 우리가 하기 나름인 것이다. 3,000만 명의 관광객이 한국을 방문하면 우리의 관광 수입은 한 해에 375억 달러로 급증한다.[20] 관광에 따른 생산유발효과는 총 90조 원으로 GDP의 8~9%에 달하게 된다.[21] 관광의 고용 증가 효과는 144만 명에 달하여 고용률 70%는 쉽게 달성된다.[22]

관광객 유치 방법을 어떤 것으로 쓰느냐가 관건이다. 관광의 3대 목적은 보는 것, 즐기는 것, 배우는 것이다. 한국은 볼 거리는 취약하다. 미국의 그랜드 캐니언과 나이아가라 폭포, 브라질의 이과수 폭포, 중국의 자금성과 만리장성, 그리스의 각종 신전, 로마의 원형경기장, 프랑스의 예술. 이런 것들이 하나도 없다. 배우는 것은 관광객 수에 한계도 있고, 그 목적이 좀 다른 측면이 있다. 그렇다면 한국은 결국 즐길 거리(콘텐츠가 융합된 관광 포함)로 나가야 한다. 우리에게는 첨단 IT 이미지가 있고 한류가 있다. 세계 최정상급의 의료 기술을 보유하고 있고, 카지노는 건설하기 나름이다. 우리가 가진 이런 경쟁요소들은 스페인의 투우나 브라질의 리오축제에 뒤지지 않는다. 그래서 나는 다음의 정책과제를 제안한다.

---

20 2011년 외국인 관광객 1인당 소비액 1,250달러 기준이다. 즐길 거리를 많이 만들어서 1인당 소비액을 늘릴 경우 관광 수입은 더 늘어난다.

21 생산유발계수 2 및 환율 달러당 1,200원 가정.

22 관광의 고용유발계수 10억 원당 16명, 제조업은 9명.

첫째, K-Pop Street와 한류스튜디오를 조성하자. 미국 뉴욕의 '42nd street'나 유니버설 스튜디오와 같은 문화예술관광특구를 서울에 조성하는 것이다. 'K-Pop street(가칭)'를 조성하고, 한류 드라마 관람관을 만들어서 아웃바운드out-bound 월드 투어보다 인바운드in-bound 국내 상설 무대를 조성하는 것이다. 대규모 상업극장이 밀집한 뉴욕 42번가, 영국의 파카디리처럼 예술특화지구 또는 한류지구로 지정하여 국가 및 지자체가 기본 인프라를 구축하여 창작 활동을 촉진하는 등 문화창조산업의 토대를 마련하는 것이다. 서울 도심 한복판에 유니버설 스튜디오 같은 관람시설을 만들어서 외국인들이 돈을 쓰도록 만들어야 한다.[23] 이를 통해서 한류를 하나로 결집하고 한류에 대한 세계의 이목이 서울로 집중되도록 만들어야 한다. 공연시설과 공연입장권 일부를 국가가 기금 등을 통해 지원할 수 있도록 재정 지원을 제도화하고,[24] 국내에서 세계적인 라이브 콘서트를 열도록 정부에서 지원에 나서야 한다.

둘째로 강남 의료관광 벨트를 조성하자. 한국은 세계 최고 수준의 의료시술 능력을 보유하고 있다. 외국인 의료관광객도 많이 들어오고 있는 상태다. 그러나 국내 보건의료 관련법과 이해관계로 인

---

23 충무로나 세운상가 등 도심 재개발과 연계할 수도 있다.
24 이들 지원액은 국가와 콘텐츠 제공자가 매칭펀드 형식으로 수익의 일정 부분을 문화소외계층(기초생활수급자, 법정 차상위계층)에게 문화바우처로 지급해 문화예술 향유 기반을 확대하는 것도 필요하다.

해 의료관광이 활성화되는 데 한계가 있다. 이런 문제들을 뛰어넘어 의료관광을 활성화하기 위해서 외국인특별의료기관에 관한 법률을 지정하고 강남, 명동 등지에 외국인 의료관광 시범지구를 조성할 필요가 있다. 제주도의 휴양과 의료시술을 연계한 의료휴양단지 설치도 검토 대상이다. 의료관광은 10억 원당 취업유발계수가 21.2명에 달할 정도로 취업유발효과가 높다. 또한 우리나라 최고의 인재들은 모두 의과대학으로 몰려가기 시작한 지 오래다. 의과대학으로 진학한 수재들이 자신의 호의호식으로 끝나지 않고 국가의 경제성장을 이끌고 가도록 정부가 나서서 물꼬를 터야만 한다.

셋째로 제주도 복합리조트를 건설하자. 제주도는 해양과 휴양이 연계될 수 있는 곳이다. 이미 특별법도 마련된 상태다. 여기에 카지노를 연결해서 중국인 관광객 유치에 나서야 한다. 화교 문화권은 중국, 홍콩, 대만, 베트남, 태국, 말레이시아, 싱가포르 등 동남아시아 곳곳에 퍼져 있다. 이들은 카지노를 즐기는 문화를 가지고 있다. 우리나라와는 달리 도박이 죄악시되지 않는다. 15억은 족히 넘을 화교인구를 대상으로 하는 카지노&휴양사업으로 제주도의 발전 계획을 바꾸는 것이 필요하다. 이미 마카오는 현대적 카지노로 완전 변신했다. 싱가포르도 도박에 대해 죄악시하는 유교적 문화를 극복하고 카지노단지를 건설하여 경제성장의 견인차로 삼고 있다. 우리나라에서도 도박으로서의 카지노가 아니라, 산업으로서의 카지노, 오락 문화로서의 카지노를 만들어서 새로운 성장의 계기로 삼아야 한다.

넷째로 관광산업의 주무 담당부서를 산업통상자원부로 바꿔야 한다. 우리도 관광상품화할 수 있는 것은 무수히 많다. 앞에서 열거한 것뿐만 아니라 휴전선생태관광, 동대문 쇼핑 시티, 북한과의 연계 관광 등 외국인이 관심을 가지는 무수히 많은 아이템을 가지고 있다. 그러나 문화관광부에서는 관광을 문화적인 관점에서 접근하고 있다. 산업을 육성해본 경험도 일천하다. 과거 우리나라의 중후장대형 산업화, IT 첨단 산업화, 수출주도 경제를 이끌었던 수십 년의 경험을 가지고 있는 산업통상자원부에서 관광을 산업화해나가는 것이 효과적이다.

청년 장보고 십만 양병 운동을 전개해야 한다.

우리나라에서 한때는 건축공학과가 최고의 인기학과였던 적이 있다. 기계공학과가 그랬던 적도 있고, 컴퓨터공학과가 뒤를 이었다. 그리고 그 인재들이 나중에 우리나라 건설산업을 꽃피웠고, 자동차산업, IT산업의 중흥을 이끌었다. 요즘은 경영학과, 법학과(법률전문대학원), 의과(의학전문대학원)가 3대 인기 학과들이다. 이들은 커다란 산업을 만들어주는 학과가 아니다. 기업의 관리자, 검판사, 의사가 되기 위한 학과들이다. '안정적이고 잘사는 직업'들이다.

언젠가부터 우리 젊은이들의 얼굴에서 도전정신과 패기가 사라졌다. 새로운 일에 대한 모험보다는 안정적인 직장만을 찾으려고 한다. 개개인으로 볼 때는 고수익이 보장되는 안정적인 직장(또는 직업)이 좋은 선택이 될 것이다. 그러나 모험이 없는 국가는 틀림없이 후퇴한다. 미지의 세계를 찾아가는 탐험가, 새로운 일에 도전하는 벤처인 같은 사람들이 있어야 사회가 발전하고 문화가 융성하게 된다. 모두가 안정적인 직장만을 찾으려고 하면 안정적인 직장은 찾아지지 않는다. 누군가는 그 안정적인 직장을 만들어야 하기 때문이다.

지금 우리나라에 청년실업이 문제가 된 것도 이런 이유 때문이다. 안정적인 일자리라는 것이 그 수가 제한적이라서 모든 청년들의 수요를 감당할 수도 없거니와 새롭게 만들어지는 안정적인 일자리도 없다. 우리의 젊은이들이 안정희구적인 삶에 안주하면 할수록 안정적인 삶과는 거리가 멀어지게 된다. 젊은이들을 모험의 세계로 이끌어야 한다.

이를 위해서 나는 청년 장보고 10만 양병 운동을 제안한다. 벤처 장보고 5만 명과 문화 장보고 5만 명이다. 이를 위해 첫째로 세계 최고의 신기술 벤처 클러스터를 조성해야 한다. 정부 차원에서 세계적 수준의 연구단지를 만들고 해외 우수한 두뇌들을 초빙해야 한다. 과거 1970년대 조성된 대덕연구단지가 1990년대 말 벤처 붐의 모태가 되었던 것처럼 최고의 연구시설과 정주 여건을 겸비한 연구단지를 새롭게 건립하고, 국내외 우수 대학과 기업 연구소를 유치하고 우수 연구인력을 초빙해야 한다. 1인 벤처로 시작해서 세계 최고의 벤처기업으로 성장할 수 있는 클러스터를 만들어야 한다.

둘째, 청년 벤처창업을 위해 지원을 확대해야 한다. 청년 전용의 벤처 모태펀드를 조성하고, 기술신용보증기금도 확대해야 한다(2011년 기준 17.3조 원 규모). 대학의 관련 학과를 대상으로 하는 '벤처 장보고(가칭)' 사업을[25] 전개하고, 벤처기술대회도 개최할 필요가 있다. R&D 기금을 확대하거나, 실패한 벤처에 재기의 기회를 부여하는 것 등은 기본적으로 갖춰야 할 것들이다.

셋째, 문화 장보고 사업을 확장해야 한다. 우리 문화를 세계에 알릴 문화 장보고를 5만 명 정도 유지할 필요가 있다. 이들을 세계 각처에 파견하여 우리 문화를 퍼뜨리도록 하는 것이다. 한편 우리나라도 ODA를 공여하는 나라로서 ODA의 한 대안이 될 수도 있다. 문화 장보고의 모델은 미국의 평화 봉사단Peace Corps[26]이나 일본의 종합상사 인재 풀과 같은 글로벌 인재 풀을 만드는 효과도 있다.

에너지와 R&D를 실질적인 성장 인프라로 만들어야 한다.

에너지, R&D는 경제발전의 기반 인프라이고, 경제성장의 필수 투입 요소들이다. 우리는 이와 같은 필수 요소가 하나도 없이 경제성장을 이룩했다. 에너지와 R&D 모두 거의 전무한 상태에서 시작

---

25 유사한 사업으로 BK21(Brain Korea 21) 사업이 있다.
26 미국 정부의 지원을 받는 민간 기구로서 케네디 대통령의 제안으로 1961년 창설되었다.

했다. 일본은 에너지가 없는 것은 우리와 비슷하지만 R&D 자산은 우리보다 많이 축적하고 있었다. 그럼에도 불구하고 성장을 추구하다 보니 우리는 비교적 손쉬운 방법을 사용해야 했다. 사다 쓰고, 대량으로 공급할 수 있는 방법을 사용한 것이다.

에너지는 전량 수입이고 대량 공급이 가능한 원자력발전까지 동원했다. 유럽은 신재생에너지와 소비절약으로 에너지 수입을 최소화하고 있고, 미국을 포함한 선진국에서는 원자력발전이 기피 대상 1호다. 그런데 우리는 두 가지가 다 후진적인 수준을 벗어나지 못하고 있다. R&D 역시 마찬가지다. 기술이 전무한 상태에서 경제발전을 하기 위해서는 모방해서 쓰든지 사다 쓰는 방법이 가장 손쉽다. 처음에는 모방을 했고, 나중에는 로열티를 내면서 사왔다. 경제가 성장하면서 R&D에 대한 투자를 늘렸지만 대부분 응용기술이고 기초과학은 거의 전무하다. 그 결과로 우리는 아직 노벨상 수상자가 하나도 없다.[27]

지금까지는 그럭저럭 성장을 지속할 수 있었다. 그러나 앞으로가 문제다. 에너지는 언제든지 위기가 닥칠 수 있다. IMF는 우리나라를 외환위기가 발생하기 쉬운 나라로 분류하고 있는데 그중 한 요인이 에너지 수입의존도가 높다는 점이다. 세계에서 에너지 문제가 발생하면 우리 경상수지는 곧바로 타격을 받을 수밖에 없다. 원

---

27 평화상은 제외한다.

전은 더 심각하다. 사고가 한 번 터지면 비단 산업용 전력 공급 차질뿐만 아니라 한반도가 사람이 살 수 없는 곳이 된다는 데 문제가 있다. R&D도 유사한 문제에 봉착해 있다. 수입에 의존해서 경제가 성장하는 것은 개도국일 때만 가능하다. 우리 경제가 선진국으로 진입하기 위해서는 R&D도 자체적으로 생산해내야 한다. 새로운 발명과 기술개발이 우리의 손에서 이루어져야 세계 시장을 리드해나갈 수 있다. 가장 기본적인 성장 인프라를 갖추지 않고는 지속가능한 성장은 요원한 이야기다.

먼저 에너지 안전성을 높여야 한다. 두 가지 측면의 안전성이다. 하나는 수입의존도를 낮춰서 해외 리스크로부터의 안전성을 높이는 것이고, 또 하나는 사고로부터의 안전성을 의미한다. 결국 신재생에너지 투자를 늘리고 그만큼 원전을 줄여나가는 것이다. 원전을 완전히 줄이는 것이 몇 십 년 내에 가능한 일일지는 알 수 없으나 최소한 절반으로 줄이려는 노력 정도는 해야 한다. 그리고 그 원전의 대체에너지는 두말할 것도 없이 수입 화석연료가 아니라 신재생에너지가 되어야 한다. 이를 위해서 햇빛도시 건설을 법으로 의무화하고[28], 주거 및 상업용 건물의 에너지 소비를 50% 이상 절감할 수 있도록 재산세 감면 등과 같은 대안을 만들어야 한다. 또한 신축건물 에너지 총량제를 도입하여 에너지를 덜 쓰는 구조도 만들어야 한다.

---

28 옥상 지붕에 태양광 발전소 설치.

LED를 통한 스마트조명 보급을 확대하고, 전기자동차 개발을 촉진해야 한다.[29] 신재생에너지 단지를 집중 육성하고 산업화를 촉진해야 할 것이다.

다음으로 정부주도로 노벨상 프로젝트를 진행해야 한다. 우리나라는 GDP 대비 R&D 비율은 높은 세계 수위의 R&D 강국이다. 그러나 노벨상은 하나도 없고 혁신적인 아이디어나 발명은 나오지 않는 나라다. 그동안의 R&D가 응용 측면에 집중되었기 때문이다. 이제 우리나라도 R&D의 방향을 바꿔야 한다. 우선 기본 방향은 정부 R&D는 기초과학으로, 민간 R&D는 응용과학으로 하는 것이다. 이런 기본 방향 아래에서 세종시를 신재생에너지 및 R&D 메카로 키워나갈 필요가 있다. 세종시는 도시로서의 기본 인프라는 잘 갖춰져 있다. 그러나 행정도시가 되면서 수요가 공급을 따라가지 못하는 문제가 발생하고 있다. 이렇게 세종시의 빈자리에 무엇을 채워넣을 것이냐의 문제에서 대덕연구단지와 연계하는 R&D 특구로 키워가는 것이 한 방법이 된다. 대덕처럼 정부에서 대대적인 투자를 감행하고, 서울대, 연세대, 고려대 등 명문학교와 유수기업의 연구단지를 유치하여 신재생에너지 및 R&D 클러스터를 조성할 필요가 있다. 또한 정부도 콤플렉스로 모여 있는 상태이므로 부처별로 분산된 R&D를 집중 관리할 수 있는 여건도 된다.

---

29 자동차 연비 의무규정 현행 2배로 제고('12.1.1부터 실 주행여건을 반영, 연비등급 기준 강화, 전기차 연비 측정 및 표시방안이 마련된 강화된 규정 적용 중)

한반도의 미래에 관한 대담한 생각

끝마치며

우리는 지금 선택의 기로에 서 있다. 지금 우리가 내리는 선택이 미래 한반도의 모습을 결정할 것이다. 우리의 앞에는 지금 두 갈래의 길이 놓여 있다. 하나는 지금까지 걸어온 익숙한 길이고, 또 하나는 아직 우리가 걸어보지 않았던 새로운 길이다. 익숙한 길은 편안하다. 결과도 쉽게 예상이 된다. 하지만 모험은 없다.

우리는 이제 1차 경제개발 시기를 마감하고 있다. 불균형 경제개발 전략으로 이만큼까지 온 것이다. 그러나 이제는 우리도 선진국 진입 문턱에 와 있는 만큼 불균형 전략으로는 한계가 있다. 그냥 이대로 익숙한 것에 안주하다 보면 결국 중진국 함정을 벗어나지 못할 것이고 일본처럼 잃어버린 20년(또는 30년)을 보내게 될 것이다. 이제부터는 새로운 모험이 필요하다.

이 책은 이와 같은 전환기적 시대를 맞이하여 우리가 나아가야 할 방향을 새롭게 정립하고자 하는 취지에서 쓰였다. 특히 한반도 공생발전과 균형발전에 초점이 맞춰졌다. 한반도 공생발전론은 체제적인 관점에서 접근하던 기존의 논의들과는 달리 국내 최초로 경제적인 관점에서 통일 문제에 접근한다는 의미를 가진다. 사회가 바뀌면 방법도 바뀌어야 한다. 남과 북 간의 체제 대결은 더 이상 의미가 없다. 이제는 정치체제의 문제가 아니라 남한과 북한 주민의 관점에서 쳐다봐야 하지 않을까. 우리 민족이 좀 더 인간다운 삶을 살 수 있는 방법을 찾는 데 논의의 초점이 모아져야 한다.

한반도 균형발전론은 남한의 경제적 양극화 문제에 초점을 맞췄다. 특히 전작 《누가 칼레의 시민이 될 것인가》의 후속편으로서 의미를 갖는다. 그동안의 불균형발전 시대를 마무리하고 지속가능 성장의 시대로 전환하는 것은 한국 경제가 당면한 숙제다. 이런 차원에서 균형발전론의 내용을 정리했다. 물론 이 책에서 제시한 것 이외에도 무수히 많은 보완 대책이 필요하다. 이 책에서는 보다 본질적인 문제들에 대해서만 초점을 맞췄다.

특히 중요한 것은 이 책에서 제시하고 있는 해법들은 각자가 효과가 큰 해법들이지만 동시에 추진될 때 그 효과가 배가된다는 점이다. '두 개의 엔진'의 의미는 이 책 전체를 관통하는 것이다. 예를 들어 한반도가 단일시장으로 묶였을 때, 육로를 통한 외국인 관광객 유입이 더 활성화될 것이다. 이 책에서 제시되는 모든 정책들은

다 두 개의 엔진에 해당하는 것들로서 서로 조화를 맞춰 가동될 때 최고의 출력을 낼 수 있다.

그런 의미에서 '공생발전론'과 '균형발전론'의 조합도 두 개의 엔진에 해당한다. '경제구조 대개혁'과 '산업구조 대개혁'의 조합도 두 개의 엔진이다. 또 각각의 속에 들어 있는 세부 조합들도 모두 두 개의 엔진으로서 시너지가 발생할 수 있는 모양으로 설계되어 있다. 한반도 단일시장 구상의 세부 전략과 산업구조 대개혁의 내용도 서로 연결되어 있다.

이 책에는 총론적인 정책 구상과 대강의 세부 정책만 기술되어 있다. 구체적인 세부 정책은 담아내지 못한 것이 많다. 특히 한반도 공생발전론 및 단일시장 구상과 관련된 부분들 또 산업구조 대개혁과 연계된 부분들은 쓰인 것보다 쓰이지 못한 것이 더 많다. 이 부분은 상대방이 있는 내용이기도 하고 우리나라 내부적으로도 매우 민감한 이슈라서 상당 부분의 내용은 기술하지 않고 필자가 가진 생각의 일단만을 적시할 수밖에 없었다. 나중에 남과 북 사이에 한반도 단일시장에 관한 논의가 진행된다면 그때 필자가 가진 생각을 모두 털어놓을 수 있을 것이다. 독자 제현의 너그러운 양해를 구한다.

이제 이 책은 내 손을 떠난다. 활자화되는 순간 이 책에 있는 아이디어는 대한민국 사람 누구라도 사용할 수 있는 것이 된다. 필자는 다른 사람들 특히 정치인들이나 정책입안자들이 이 책의 아이디어를 최대한 많이 차용하기를 바라는 마음이다. 이 책이 우리나라를 보다 살기 좋은 곳으로 바꾸는 데 일조한다면 더 이상 바랄 것이 없겠다.